文学常青藤丛书

寻绎思想的秘境

吴欣歆 郝建国 主编

本册主编 何琛
副主编 赵静 谭悦 陈丽娜
邵若晨 袁晓霜 王术智

花山文艺出版社
河北·石家庄

图书在版编目（CIP）数据

寻绎思想的秘境 / 何琛主编. -- 石家庄 : 花山文艺出版社, 2025. 1. --（文学常青藤 / 吴欣歆, 郝建国主编）. -- ISBN 978-7-5511-7408-4

I. I217.2

中国国家版本馆CIP数据核字第2024A38S32号

丛 书 名：	文学常青藤
主　　编：	吴欣歆　郝建国
书　　名：	寻绎思想的秘境 XUNYI SIXIANG DE MIJING
本册主编：	何　琛
统　　筹：	闫韶瑜
责任编辑：	李天璐
责任校对：	李　伟
美术编辑：	陈　淼
出版发行：	花山文艺出版社（邮政编码：050061） （河北省石家庄市友谊北大街330号）
销售热线：	0311-88643299/96/17
印　　刷：	石家庄名伦印刷有限公司
经　　销：	新华书店
开　　本：	880毫米×1230毫米　1/32
印　　张：	9.5
字　　数：	200千字
版　　次：	2025年1月第1版 2025年1月第1次印刷
书　　号：	ISBN 978-7-5511-7408-4
定　　价：	36.00元

（版权所有　翻印必究·印装有误　负责调换）

总　　序

　　2022年春节,花山文艺出版社社长、总编辑郝建国打来电话,商量共同策划一套中学生"创意写作"丛书。当时,我正在反思应试作文的正面作用和负面影响,确定了样本校,想做一点儿"破局"的教学实践,目标是使学生在学会写作的一般规则的同时又能够自由表达。恰逢其时、恰逢其人、恰逢其事,一次通话就确定了合作意向、基本方向、大致的工作进程,很是痛快。

　　但我不想用"创意写作"的概念,因为创意写作是一个成熟的学科,有专门化的人才培养方案,而中学课程方案中没有设置这一学科。早在1936年,美国艾奥瓦大学就已经有了创意写作艺术硕士(MFA),此后,艾奥瓦作家工作坊在英语国家广泛推广,继而在全球范围内产生了深远的影响。在我国,2007年,复旦大学开始招收文学写作专业的硕士研究生,2009年正式设立了创意写作专业硕士学位点;2011年,上海大学成立了创意写作创新学科组;2014年,北京大学中文系成立了创意写作教学团队……据我了解,目前全国有二十所左右的高校招收创意写作专业硕士,课程内容涵盖小说写作、诗歌写作、媒体写作、传记写作等多种文体类型，有明确的培养目标和教学方法。虽然有些中学开设了创意写作的校本课程，但我的目的不在于推广这门课程。我主张用创意写作的学科知识指导中学写作教学的变革，在概念上使用课程文件用语——创意表达。这一想法得到了出版社的支持。

在我看来，所有的写作对学生而言都是创意表达，都需要借助生活经历、语言经验、知识积累、思维能力，把想法变成实际存在的文字，即便是严苛的学术写作，也能够体现出学生的个性特点。对于成长中的学生来说，写作除了具有学习功能、交际功能、研究功能，还有重要的心理建设功能。写作的内核是面对真实的自己，面对真实的情感体验，用文字表达的时间是学生认真面对自己的时间，如果能够自由地表达出自己的想法，就能够很大程度上实现心理重建。

娜妲莉·高柏在《心灵写作》中把写作称作"纸上瑜伽"，她倡导学生每天自由自在地写十五分钟，直接记录脑子里随机出现的词语和句子，记录眼前的事物，记录此时此刻的体验和感受，不管语句是否通顺，内容是否符合逻辑，不管要表达什么主题，就一直写一直写。这样的写作，显然有助于克服书面表达的恐惧与焦虑，有助于克服因为期待完美而导致的写作拖延。学生奋笔疾书之后会有一种释放感，一种绷紧之后的放松感，书写的畅快足以改变不良的心理状态。

写作工坊比较常用的练习方法大多能够引导学生的思维自由延展，比如曼陀罗思维法，又被称为九宫格法，就是将自己的某个观点写在中央的格子里，围绕这个观点进行头脑风暴，将其余八个格子填满，继而再辐射出八个格子，两个轮次的头脑风暴，核心观念迅速衍生出六十四个子观念。再如第二人称讲述，用"你"开头，写下你看到的、听到的、嗅到的、触摸到的、反映出的、联想到的各种信息，连贯地用文字表达自己真实的见闻与感受。又如庄慧秋的《写出你的内心戏：60个有趣的心灵写作练习》，提供了六十种开头提示语，其中包括"我喜欢""我讨厌""我热爱""我痛恨"等自我情绪表达的提示语，以及自我形象变形的提示语："如果我是一棵植物，那我就是……""如果我是童话故事中的角色，那我就是……""如果用一幅画来象征我自己，那我就是……"

这些方法都可以在写作教学中运用，帮助学生感受到自由思考的快乐，在相互启发中打开书面表达的广阔世界，帮助他们实现创意表达。

对于中学生的创意表达，我有三点想法。

第一，放松写作体裁限制，用自己的方式记录看到的社会生活，表达真实的情感体验。中学写作教学存在为体裁找内容的现实问题，学生非常熟悉记叙文、议论文的套路，习惯按照既定体裁框架填充写作内容，这是违反创作规律的。合理的状态是，学生有见识、有感悟，有表达的目的和对象，为了实现目的寻找合适的表达方式。体裁可以自由选择，甚至可以自由创造，我们要鼓励学生为自己的内容找到合适的形式。

第二，拓展写作内容边界，在广阔的社会生活中发现写作的内容，探索写作的价值。美国非虚构作家盖伊·特立斯的作品集《被仰望与被遗忘的》，从微观层面记录了纽约的城市风貌，关注各种人和他们背后的故事：俱乐部门口的擦鞋匠、高级公寓的门卫、公交车司机、大厦清洁工、建筑工人等。

我们要鼓励学生写他们熟悉的、他们经历的、他们知道的，鼓励他们写出自己眼中的世界图景。

第三，重构写作指导模式，建立师生协作的创作团队，形成完善的创作流程。中学写作教学习惯"写前指导"和"写后指导"，写作过程中的指导尚未受到充分关注。Perry-Smith 和 Mannucci 在前人研究的基础上，根据创意过程中不同阶段的需求将创意过程划分为创意产生、创意细化、创意倡导、创意实践四个阶段。学生的初步想法，很多时候是"灵光乍现"，教师要有一套办法组织学生分析原始创意，征集延伸性的内容与想法，整合收集到的信息，帮助学生完成创意的修改、发展，有序完成从创意到作品的实践过程。

《义务教育语文课程标准(2022年版)》设置了"文学阅读与创意表达"任务群，《普通高中语文课程标准(2017年版2020年修订)》设置了"文学阅读与写作"任务群，对学生使用书面语、发展创造力提出了明确的要求。本套书选择的学校大多为区域名校，学生的创作和教师的指导体现出落实课程文件要求的原则与策略，期待能够引领更多学校、更多师生的创意表达。需要说明的是，这些学校的师生不仅重视创意表达，而且极为重视语言运用的规范，他们热爱国家通用语言文字，热爱中华文化，对中华文化的生命力有坚定的信心，他们的创作在弘扬中华优秀传统文化方面，也做出了良好的示范。

2023 年元旦于北京　吴欣歆

序　言

写作，一直以来都被认为是一件"不可言传"的事，当看到一个写作非常出色的孩子时，我们往往更多地关注到个体的天赋与才气。在这之中，更难以言说的又是"文学"的创作。在语文教育中，我们似乎很少用"文学写作教学"来界定写作课程。文学的创作看似是这样的高不可攀，但我们的耳边又时常回荡着这样一个声音——每个孩子都是一位诗人，他们的语言是充满诗性的、文学的。

因此，我们永远都无法忽略孩子于文学的灵性。这一点，是在本次组织《寻绎思想的秘境》稿件的过程中我们最大的感受。选稿伊始，主编团队实际上在采集形式上存在着一些不同的声音，有的老师认为应当为同学们提供较为丰富而细致的选题；而有的老师则建议只给出一点儿提示，让孩子们勇于展示出真诚的言语态度。最终，我们决定还是让孩子们尽情地挥洒自己的才气：

你可以分享生活中的大事小情,用新闻记录下班

级里的奇闻奇事，用信件寄托家庭中的儿女情长，诉说自己的生活经历，分享自己的心得体会；你可以穿越千古，和古人对话，也可以冲出地球，与星星聊天；你可以仿唐诗宋词，写三五行诗句，编小剧本，创作戏剧相声；你也可以用文言的方式讲述故事，记录生活；也可以新编故事，另眼看成语，给学过的课文动"手术"；你甚至可以趣写药品说明书，尝试写审判词……总之，你可以脚踏实地书写内心真实，也可以天马行空地发挥想象。这些都是创意的表达。

你不必再纠结考场规则的束缚，字数的限制，体裁的约束，我们欢迎一切真诚而自由的表达。那么就让同学们随心所欲、淋漓尽致地表达自己吧！

说实话，征稿的过程是充满忐忑的，第一是担心稿件的质量，第二是焦虑于编辑的体例。当最大限度的自由冲撞在一起时，黏合剂就成了最大的困扰。当然，第一个困扰在我们看到了很多充满绝佳创意和灵秀文字的作品时就被彻底打破了。孩子们呈交的作品数量多、质量极高，就像是初春里憋着劲的嫩芽。回看我们所写下的征稿启事，才发现孩子们眼中的文学世界远比我们的预设丰富。

在孩子们的文章中，有用数学讲故事的，有用三角形的五心写人心的，有为压岁钱设计专业投资方案的……都极富创新意识，既是言语思维和符号思维的激情碰撞，也在观照着所学知识与真实情境的联结。谁能说这不是"文学"？当然，在琳琅满目的作品面前，除了含英咀华的舒畅，编写体例的苦恼就更为凸显。我们如何让这些繁星点点变成一片银河呢？

《寻绎思想的秘境》这部文集，依序分为允公允能、蜀中乐土、发煌无垠、八方青莲、桃李三友、日新月异六个部分，我们没有遵循以文体排序的原则，而是以南开中学的历史发展、精神传承为纲，让历史和言语交汇。允公允能，是南开中学的办校宗旨，你能从这里看到诸多南开学子的家国责任和使命担当；蜀中乐土，让你想起那一段南开向西南而望建设新址的峥嵘岁月，你也定能从此看到很多具有地域特色的文艺作品；发煌无垠，是南开精神的传承，也是中华文化的坚守，形式上的古朴和内涵上的发扬体现于此；八方青莲，则讲南开的包容性，自由洒脱的文字散见于此；桃李三友，则是之于南开自由浪漫的辩证理性的文字；日新月异，则是南开人孜孜不倦的创新意识，所有充满想象力的文字都有了归宿。

因此，读这本文集，你也就读了南开学校的一部发展史。用两条线来构建一本书，这何尝不是孩子们的优秀在催促着我们前进呢？在纷乱繁杂的思考里，我们理应想到应当用"南开"的方式来凝结"南开学子"的心血，我们仔细地回顾着南开走过的岁月，历史的回响和童稚的灵气渐渐地相映成趣。

回到开头的话题，写作是"不可言传"的吗？这恐怕还是一个值得让人深思的问题。但是，在南开历史的烙印下，你应该能循着一些蛛丝马迹。

20 世纪 80 年代开始，南开中学围绕着课程改革，探索学校特色发展的新途径。南开中学讲坛、南开选修课、南开社团……当你阅读文集，你发现这些孩子极富责任担当意识的时候，不妨走进南开讲坛来看一看，多少风云人物、专家院士在这里停驻；当你觉察到这些孩子晓天文、知地理的时候，不妨走进南开中学的社团、选修课中来游一游，"中学里的大学"极大地丰富着学生的视野；当你感受到这些孩子的浪漫气息的时候，不妨在南开的三友路、津南村、桃李湖来走一走，你会发现原来他们的文学从来都不是虚无。

跨越百年的历史舞台，承载了无数南开学子的激扬文字，这是他们对南开的无限热爱，希望这本文集被缓缓打开的时候，历史的指针会往前轻拨一格。这一格，既是孩子们的，也是南开中学的，更是文学的。

目 录

允公允能

引言 ……………………………………………… 003
创新出发　扬鞭脚下 …………………………… 005
长河 ……………………………………………… 007
只问使命,不问西天 …………………………… 010
风雨历遍　归来山河 …………………………… 013
时代的颜色 ……………………………………… 016
静夜中的吹号者 ………………………………… 019
白菊 ……………………………………………… 021
青年担当,竹韧风狂 …………………………… 025
送别 ……………………………………………… 027
江湖平民闪佛光 ………………………………… 032
致敬隐形守护者 ………………………………… 034
中国人骨子里的浪漫 …………………………… 039
最美逆行者 ……………………………………… 042

蜀中乐土

引言 ·· 047
我骄傲,中国梦里一直有南开 ·············· 049
茶香里的人间烟火 ···························· 051
南渝·春·榕 ································· 054
土家摆手舞 ······································ 058
大渡河 ·· 060
风起南岸·山水渝乡 ·························· 063
夜色温柔 ··· 065
羊肉汤锅里的温暖除夕 ······················ 067
长江之水 ··· 070
南开十二时辰 ··································· 072
人间烟火 ··· 075
我和我的家乡 ··································· 078
沙南街一号(歌词) ··························· 082

发煌无垠

引言 ·· 087
一剪梅·寒露 ··································· 089
蝶恋花·残夏 ··································· 090
登峨眉 ·· 091
行香子·夜思 ··································· 092
观潮并序 ··· 093

花泪(回文诗)	095
两灯(回文诗)	096
奉节早夔门	097
陇山居(其一)	098
丑奴儿	099
七律组诗	100
四季(藏头诗)	102
赠马生	103
组诗·史记十二本纪	104
谪仙吟	110
诗词三首	111
春读	113
密室小记	114
小鸭	116
范行天下	117
南山记	119
山行	121
逸一时,误一世	123
弥雾山唐僧逢怪　离恨天大圣遇兄(《西游记》改写)	125
李太白传	130
因雪想辛公	133
屈子	136
蒹葭	142
念旧时暮鼓,撞今日晨钟	146

春江花月夜联想 ·· 148

八方青莲

引言 ·· 153
月夜组诗 ·· 155
藏在康桥里的秘密 ·································· 158
童年的竹节草 ·· 161
等你回家 ·· 163
故乡的背影 ··· 169
红烛 ·· 172
尽兴而为 ·· 175
名山古建藏佛心 ····································· 177
戏梦 ·· 180

桃李三友

引言 ·· 185
评王佑良、何新《论读书》译本 ················ 187
天生丽质难自弃的黄桷树 ························· 189
君子不欲琭琭如玉 ·································· 191
第二名的英雄时刻 ·································· 193
关于性别的认识 ····································· 198
苦难的意义 ··· 201
凝繁之韵,品简之味 ································ 204
奇妙的"时间悖论" ································· 206

衰老	208
虚怀若愚，求知若饥	210
远去的鸡鸣	212
愿饮屠苏迎新岁	214

日新月异

引言	219
惯骗姚芝轩	221
愚公移山新编	223
旅人	227
被	235
穿井得亿人	243
昆虫记（校园篇）	245
饿极	252
黄鼠狼的反攻	261
快乐水服用指南	266
灵石	269
猫	284
唐雎不辱使命	285

允公允能

引　言

"允公允能",既是包含哲理与期许的南开校训,也是每一位青年学子应当秉持的人生态度与追求。"允公",即大公无私,心怀天下,强调社会责任感与公共精神;"允能",则是指具备实际能力,勇于担当,能够在实践中不断提升自我,服务社会。这四个字,是个人品德与能力的双重锤炼,更是对社会责任与公共精神的崇高追求。

我们即将踏入充满思考与梦想的文学世界,理应从"允公允能"说起。这一篇章的作品,是孩子们心灵的独白,是他们对时代精神的深刻洞察,奏响的关于青春梦想与时代精神的交响乐章。这里的一字一句都跃动着青年的热血与激情,更是对"允公允能"精神的践行与致敬。

在这一篇章中，我们将聆听历史的回响。《静夜中的吹号者》中的诗意，《白菊》中脉脉含情的故事，带我们穿越到烽火连天的岁月，感受到革命先驱们不畏艰难、勇于抗争的精神力量；《风雨历遍　归来山河》则以史诗般的笔触，描绘了中华民族从苦难走向辉煌的壮丽画卷。这些作品，不仅是对历史的回顾，更是对"允公"精神的传承与弘扬。

我们也见证了时下关于青春的激情与梦想。"守护者"的记忆、"逆行者"的见证，即使面对新冠疫情、重庆山火时，无数平凡人的英勇与无畏，他们以实际行动诠释了"允能"的真谛——在关键时刻挺身而出，用实际能力守护家园与人民的安全。青年担当，竹韧风狂！

同时，这一篇章中还充满了对未来的无限憧憬。《时代的颜色》以生动的笔触描绘了科技蓝、经济红、生态绿等多种色彩交织的时代画卷，展现了当代青年对科技进步和社会发展的敏锐洞察与深切期待。而《只问使命，不问西天》则通过个人成长的视角，讲述了在理想与现实之间如何抉择与坚持，体现了青年学子在面对挑战时的坚定信念与不屈精神。鼓舞青年人勇立潮头，更是"允公允能"精神的时代意义。

正如《中国人骨子里的浪漫》所言："浪漫这个词在每个人心中都不一样，但我喜欢中国人刻在骨子里的浪漫。"对于青年人来说，"浪漫"不仅仅是月下独酌的诗意，更是心怀天下的担当，将个人的梦想融入国家发展的洪流之中，以实际行动诠释着"允公允能"的深刻内涵。

创新出发　扬鞭脚下

◎胡煜菲

《商君书》有言："圣人不法古，不修今，法古则后于时，修今则塞于世。"面对新时代、新格局，法古修今，是落后的表现，守正出新，方能入时代之局。

不法古，吸取古人经验，摒弃陈旧理念。清有闭关锁国，任人宰割，举国上下，满目疮痍。历史给予他们沉痛的教训，给予我们惨痛的警示。"后人哀之而不鉴之，亦使后人而复哀后人也。"《阿房宫赋》告诉我们，对古人的做法，我们应当汲取经验，引以为戒。如今，中国面对百年新局势，应做到"不法古"，不效法古人，却要以古为鉴，摒弃"闭关"，拥抱世界，发展成一个兼容并蓄、举世瞩目的中国！

不修今，打破舒适之圈，点燃青年炬火。如今，多少人安于现状，站在时代边缘，犹豫不决？多少人碌碌无为，被前进的世界冲刷得面目全非？不少青年被贴上了"佛系"的标签，被手机电脑荼毒了热情，被所谓的"岁月静好"栓梏了双脚。但若安于现状，拿个奖牌就好，何来谷爱凌冬奥场上的金牌一跃？若安于现状，解决温饱就好，何来脱贫攻坚的全面成功？

若安于现状，完成任务就好，何来高铁钻孔技术的飞跃？安于现状，是自我的逃避，极易在这个"你追我赶"的时代独木桥上摔倒。不修今，是对自己的历练，是青年人激发潜能的必由之路。为了将个人之力融入今之浪潮，助推祖国大步前进，青年当打破舒适圈，躬身入局。

向未来，勇做破晓之星，青年守正出新。2022年的帷幕一经开启，"一起向未来"的口号便深入人心。无论是冬奥开幕式上"微火"的出现，抑或是大批青少年的涌现，都昭示着"新理念""新青年"的重要性。看"量子鬼才"陆朝阳以保龄球运动类比量子运动，创新理念，昭示着该领域的无限未来；看"石墨烯鬼才"曹原，年仅26岁，实现了石墨烯在我国从0到1的飞跃，他勇于探索，敢于创新，与时代共同前行。而当代青年，更应以之为榜样，作为牵动时代脉搏的我们，应勇当先锋，不畏未来，不问过往，创造奇迹，扬鞭脚下。

时代的年轮滚滚向前，时代是残忍的，但青年是前进的。不法古，不修今，向未来，放慢心态，加快脚步，创新再出发，领略未来的诗与远方。我相信，未来的某一天，青年振兴中华的曙光，正待我们瞥见。

指导教师：涂俊逸

长　河

◎陈奕诚

一条生命的长河，
每代人，都是其中的一朵浪花。
浪花，滚滚向前。

每个孩子，都将成为父辈；
每位父辈，都将成为祖辈；
每位祖辈，都将成为曾祖、高祖……
最终，他们都将流入平静的，如海洋的历史中。

长河中，有将来的孩子，现在的孩子，过去的孩子；
长河中，有将来的父辈，现在的父辈，过去的父辈；
长河中，有将来的祖辈，现在的祖辈，过去的祖辈。

长河中，
曾经存在着的浪，有1000多亿朵；
现在存在着的浪，有70多亿朵；

将要存在着的浪,无穷无尽。

长河中,
有陪伴,有分别;
有合作,有敌对;
有幸福快乐,有失落痛苦。

每个人都是哭着来到这个世界,
但,有人是笑着走的。
因为此心光明。
你流入大海前,
给后面的浪花留下了什么,
是清澈的河水,还是浑浊的泥沙?
我希望是前者。

也许"世界末日"总会来临,
长河终将不复存在。
但,作为长河中曾经的一朵浪花,
你是否无愧于先辈,无愧于后辈?
无愧于这条生命之河?

我要有"德",这样才能留下清流;
我要有"能",这样才能留下更多清流;
我要有"公",这样才能让更多人留下清流。

愿每个人走时,
都能在长河中留下哪怕一股清流,
然后,昂首,笑着,走进大海,
转身,面对长河。

指导教师:吴玉英

只问使命，不问西天

——《长津湖》观后感

◎ 傅雅茹

去时少年身，归来甲子魂。山河亦无恙，巍巍葬忠魂。

——题记

祖国是什么？

"当我跨过鸭绿江，看见对面炮火的时候，我的身后就是祖国。"

炮火连连，嘶声怒喊，血光染红满边天，一肩担魂，你我皆见。

漫漫黑夜，被炮火点亮，一边是坦克，一边是火药。身着褴褛，黝黑的脸庞透露的是怒、是恨、是无畏。纵身一跃，跃身一掷，如鬼焰燃烧，带着星光。虽躲在坦克下，但怎会任凭它在躯体上践踏，你不能忍；裹在烈焰之中，任凭熊熊烈火在身体上不断蔓延，你只能忍。你，有铁骨意志，有无惧精神。骨与肉的分裂，生与死的吻别，只视为坠入黑洞。西天对你，不值一提，因为你只信使命。"没有冻不死的英雄，没有打不死的英雄，只有军人的荣耀。"当踏上火车的那一刻，你做好了一去不复返的准备；当敌机横扫岩石的那一刻，你做好了与生告别的准备；当血染黄土，似喷泉爆发的鲜血打在脸上的那一刻，你做好了与敌人决一死战的准备。冻成冰雕，不惧，眼睛即使被冰封印，但热血的心还在燃烧。你是英雄，愿为幸福生活开下血路，从来不惧死的征途。伍千里，伍万里，七连的每一位战士，抗美援朝的无数战士，用满腔热血谱写了孤勇战场的诗篇。

湘水缓缓，群鸟鸣叫，一艘渔船行江上，远方之思，你我未见。

独坐船上，手中捧着陶罐，罐内是英雄之魂，罐外是无声哭泣。身穿军装，深邃的眼中是无尽的思念。下跪，磕头，一声轻响，是失亲之痛，是重逢之恸。"明年开春，我回来给你们盖房子。"伍千里留下的一句话，是儿子的孝心，是军人的坚定。可对爹娘而言，那或许是永远的离别。生逢乱世，相聚是多么艰难。每一名战士，不只是保家卫国的英雄，也是多少人的儿女，多少人的父母。钢铁般的心，也有柔软的一面，亲人也许就是你们在这世上唯一的留念。

  望吾血落地，为后人铺良道。
  望吾骨成树，为后人撑庇冠。

如今，我们再看《长津湖》，感悟当年的你们，一滴滴鲜血落下，一桩桩难以忍受的生命之痛，让我不敢直视，又怎敢想象你们是如何挺过？我用千千万万个字，来致敬千千万万个你。你们的活法，便是这世上永不褪色的活法。生为中国人，你用悲壮而又无畏的斗争，留住了脚下的土地，我们将在这黄土地上，秉持你们的精神，建造更美的中华。

    往昔，暮雪风霜，热血难凉。
    今朝，山河无恙，如你所想。

指导教师：何金栖

风雨历遍　归来山河

◎王一诺

致那黑夜中的呜咽与怒吼，谁说站在光里的才算英雄。

——《孤勇者》

阴云黯黯，雾霭沉沉，那是混沌世道中哀鸿遍野的无际黑暗；官政朽败，军阀混战，那是万千生灵在鬼火幢幢中没入深渊；战火纷飞，千里烽烟，那是曾披珠佩翠的华夏辗转在狼烟鲜血、冻尸饿殍中散了朝气……

悲那白骨露于野，千里无鸡鸣。

风雨如晦中红日沉沉而下，黑暗取代了光明，统治了时代。

临　渊

国魂在，英雄不独行。

——《华夏》

茫茫死寂中有点点星火顽强不灭——革命者举着火炬,毅然蹚过遍地麻木冷漠与千里狼烟,以丹心作凭,心怀孤勇撞向黑暗,要破云而出,要如光重新照进这片土地。

在路上有人被黑暗吞噬,不断有人倒在胜利前夕;也有少年从他们手中接过革命大旗,扛在肩上昂扬踏过山河,如革命之火烧彻每一个角落。

全国有"拒绝在合约上签字""还我青岛""废除二十一条"等铿锵之声击碎帝国主义的阴谋,粉碎了异邦对中华大地的妄想,唤起了中华民族意识彻底觉醒。

看那男儿何不带吴钩,收取关山五十州!

风雨飘摇中惊雷劈下,迸发出绚丽火花。

曦　出

七十载风华过,国泰颂歌山河图。

——《敬山河》

也曾日暮西山,也曾萧然满目,总有代代人丹心不改,辈辈人碧血常在,合力推翻一切侵略,去开辟神州新天地。

星火划过长空,挑破列强重重阴谋,燃遍九州,烧出一片欣欣向荣的万里江山,烧出一片河清海晏,烧出乾坤朗朗。

东方巨龙拨云而出,龙啸九天,惮赫千里。

暗夜破,掀青史又一页。

惊那为有牺牲多壮志,敢教日月换新天!

红日又升,不改滚滚炽热。

未　央

中国有礼仪之大，故称夏；有服章之美，谓之华。

——《左传》

鱼梁处看百舸争渡，长虹跨岸行车马如瀑，孔明灯寄千家万户。

这般变化为他数……

老一辈或沙场不归，或身老刃断，而总有少年人横刀立马，再振山河。我们始终于和平与发展的时代浪潮中奋进，星火不绝。

至此，四海清平，山河依旧。

美哉！我中国少年，与天不老；壮哉！我中国少年，与国无疆！

红日长曜，亿万炎黄凝为光；光明常在，吾辈少年当自强！

指导教师：佘小涵

时代的颜色

◎ 傅芃兮

时代，在发展，在进步，在变迁。它是一个调色盘，调配出了许多属于时代的颜色。

蓝　色

科技是民族之魂。时间一转眼就到了 2023 年，我们的科技发生了很多的变化，从之前的万户探月到现在的嫦娥四号、嫦娥五号，还有遥遥领先的国际空间站。网络建设也在加紧升级，现在 6G 已经呼之欲出，它将为我们的生活带来了越来越多的便利。现在很多智能化的设计，随时都可以手机快捷支付，饭店里有自动送餐机器人，医院里也有手术机器人……科技在不断进步，给我们的未来带来了更多的可能，这些如浩瀚宇宙般深邃湛蓝，令人着迷。

红　色

时代在变迁，中国在稳步发展。中国不仅是世界第二大经济体，还是第一大贸易出口国。军事方面，巨浪三等水中潜射导弹已接连问世。我国经济、军事的发展招来了美国的嫉妒。在新中国刚刚成立时，美国已在一战和二战中大发横财，这让它的经济得到了飞速的提升，石油美元也让美国占据了世界霸主的地位。但现在中国强盛起来了，人民币和数字货币已在流行。美国看到了人民币对美元地位的威胁，以及迅猛发展的军事对其主导世界的不利。于是美国在外交、科技等方面频频打压中国，但我们引以为傲的外交天团成员们，在全世界面前进行强硬回击，用刚毅的语言捍卫了中国的尊严。他们背后的中国红，就是他们的底气，也是所有中国人的勇气所在。

绿　　色

习近平总书记说："绿水青山就是金山银山。"随着科技的发展，地球上的大量资源被消耗，例如不可再生的石油、矿产等。森林也被大规模砍伐，气温逐渐上升，南北极的冰山在融化，这些都给我们的环境带来了很大的影响。有这样一幅图：在一座山峰的最顶端有一个平衡木，一端站着一只正在咆哮的熊，另一端站着一个猎人，他举着猎枪，瞄准着那一只熊。我们不知道画中的这个人和这个熊谁会活下去，但我们知道：只要那个猎人一开枪熊就会死掉，就会从平衡木上掉落，然后猎人由于失去平衡也会掉下去。它给我们的启示是枪响后没有赢家。如果我们现在继续浪费地球资源，破坏环境，最终受害的就是我们人类。不过我们现在也在努力改变：退耕还林，积极植树，关停污染河水、污染空气的工厂……我相信我们的未来会越来越好，山越来越绿，水也会越来越清。

白　色

2020年，当人们都在准备迎接春节，一场突如其来的疫情袭击了我们。病毒一传十，十传百，迅速蔓延。这时一位位白衣天使出现了，他们穿着防护服，戴着口罩，冲锋陷阵，阻断了病毒的扩散，拯救了更多人的生命。他们就像黑夜中的一盏路灯，就像茫茫大海中的一座灯塔，就像漫长极夜中的一丝亮光，他们是这块黑布中最耀眼的白。

时代，你有暖色，也有冷色；你有明色，也有暗色；你有辉煌，也有暗淡。作为新时代的少年，我们要为新时代添上属于我们的绚烂多彩的颜色。

指导教师：吴　浩

静夜中的吹号者

◎李佳鸿

漆黑的夜空上洒着点点繁星；
孤立路旁的小灯照亮万籁俱寂的街道；
蝉鸣、蝈蝈叫，偶尔一两声交流之声；
年迈的祖母在一旁织着毛衣；
妻子正对着收音机，听着落散于人间中的各色声音；
书桌上墨香之息，映着精雕细琢过的古朴纹理；
尺方之内的幽静，僻远人间的清宁……

然而啊，你可曾听见更僻远之地的喧嚷！
炮火的光芒照亮了夜空，
从天津到了昆明到了重庆。
街道变得拥挤，人们从四面八方喷涌而出，
从南开洼到了云贵到了三峡。
窃窃私语再也不见，取而代之的是奋起之声，
从八里台到了西南联大到了沙坪坝！

号角的尖锐之声，
从天津吹到了重庆！
静夜划过一道振聋发聩之声，
战壕里的怒吼，孤儿寡母的颤抖，
号手把那欺诳之言一并吹散！
号手把漫漫长夜吹到黎明！
号手把麻木吹成颤动！
号手把虚假的和平吹至反抗！

         指导教师：涂俊逸

白　菊

◎鲁佳一

风，似乎还保留着夏日的余温，将秋季典雅的气息送入房内。桌上透明花瓶里静静地站着一株白菊，菊花迎风抖动了几遭，跌落花瓣两三，轻轻地覆在一张照片上。照片早已泛黄，散发着旧书店的味道。照片上是一个七八岁的女孩儿，站在敞开的窗边，窗外是一片花海，依稀还能看到白菊花迎风摇摆的情状。一种不可名状的情绪席卷心头，鼻尖一酸，我缓缓合上了眼睛。

再睁开眼睛时，眼前是一间小木屋，木制品发霉的味道、泥土的气味混着淡淡的花香冲入鼻腔。站在窗边的女孩儿出神地望向窗外的花海。

"小九！你看我给你带什么回来了？"一个欢快的少年的声音从身后响起。女孩儿循声转过身去，快步跑到男孩儿身边，像拿玉器一般轻轻地接过男孩手中还散发着幽香的菊花，放入床头花瓶里，瓶中已经有了数枝白菊。看着妹妹如获珍宝的样子，少年笑道："行了行了，明天我上山劈柴的时候再给你多带几枝好了。"他是女孩儿的哥哥,名叫小四。

兄妹俩从小父母双亡,母亲在妹妹出生时因难产去世,父亲七年前在战场上牺牲。父亲的战友一直照顾着俩兄妹,当小四到了十二岁时执意要自己带着妹妹生活,父亲的战友便在山脚下搭了间木屋让兄妹俩居住。自此,小四便每日早上上山劈柴再带到镇上去卖,傍晚时在山脚下的菊花丛中带一枝菊花给妹妹。

父母的离开,让小四恨透了战争,似乎有个坚定的信念已然扎根于他心中。因此,当得知召集民兵抗美援朝时,小四毅然决然地报了名。

"小四!又给妹妹带花回去呀?"路过的行人早已熟识这个每天傍晚带着一枝白菊回家的少年,亲切地打着招呼。

小四默不作声地点了点头。

回到家中,小四将白菊小心翼翼地插入花瓶中。他凝视着白菊,落日余晖从窗外斜射进来,透过花瓶,在背后的墙壁上映出白菊花的形状。洁白的花瓣,淡淡的阳光,木制墙壁反射出的暗红,全部洒在白菊上,仿佛一片悬浮在床头的云翳。

"小九啊,哥哥要出去几天,一会儿会有叔叔来接你,要听他的话。"

"那你要什么时候回来?"

"几天,也可能是几个月,或者……总之我很快就会回来的,照顾好自己,入冬了多加点儿衣服,平日里别把窗开太大了,风大……"

"你要去干什么呀?"

"哥哥要去守护一个很重要的东西——最重要的东西！我走啦！"

"等等！那我的白菊花……"

床头的白菊花轻轻抖动着。

"等哥哥回来了，再给你采花好不好？"

"三叔，我要去参军了，帮我照顾好小九，拜托了！"

"我一定会照顾好她，但是你能照顾好你自己吗？万一……你考虑过小九吗？你是她在这世上唯一的亲人，如果你父亲还在世，他也不会允许你这么一意孤行。"

"谢谢三叔！我对不起妹妹，可是我也有我想要守护的东西。"

车站上方的天空灰蒙蒙的，冬日凛冽刺骨的风掠过站台的每一个角落。少年仰头望向青灰色的遥不可及的长天，从袖口中抽出一枝白菊，抬手将它举向天空，像是青灰的帷幕上镶嵌着一朵雪白的花。一滴眼泪从他的眼眶中涌出，他立刻将其拭去。

"走了，上车了。"

少年消瘦的背影，在冬日的寒风中显出与年龄不符的果敢与坚定。

深冬，横尸遍野的朝鲜战场上。

随着一声枪响，一位年轻的战士应声倒下。血泊中，小战士青涩的面庞似乎带着一丝笑意。他用尽最后的力气，将一枝白菊举到眼前，它是那样的朴素、耀眼而又脆弱得不堪一击。在这茫茫血海中，显得格格不入。

"小九啊，好好活。"

泪水模糊了双眼。随着擦拭泪水的手缓缓收回，我的思绪飘回了房间。

电视里正播放着一则新闻——"今日，第八批志愿军烈士遗体护送回国……"身边年近八十的老太太缓步走向窗边，从桌上拿起照片，轻轻拂去上面的花瓣，菊花淡淡的幽香萦绕着她。

"以前，总有人问我你恨你哥哥吗？"老人开口，缓缓地讲述着，"我从未这样想，他临走前说过他要去守护很重要的东西，我知道他用生命守护的东西对他来说意味着什么，对所有战士、对所有中国人来说意味着什么……"

花瓶中的白菊在夕阳的余晖中显得恬静、祥和。老人倚在窗边，满头的银丝在秋风的吹拂下轻轻飘动着，目光投向窗外——高楼林立，车水马龙，老人的眼眶微红，脸上似乎有一丝笑意掠过，她轻声说着："山河无恙……"

山河无恙！

指导教师：王术智

青年担当，竹韧风狂

◎冯敬豪

云山苍苍，江河泱泱，复兴大道雨急风狂。中国的成长之路上，往昔的蒙蒙云歌终于化为今时的风雨滂沱，回首萧瑟处，正待少年时。以梦为马，不负韶华。身为青年一代的我们，更应扬千里风帆，担时代重任。

"人生代代无穷已，江月年年望相似。"面对直指浩瀚苍穹的无尽奋战，嫦娥四号团队的青年们将大任担于己身，用奋斗诠释年华，誓向世界彰显与日月共荣光的中国航天，嫦娥四号成功登月的画面正是青年一代在国际舞台上奏出的最美和弦。中国嫦娥团队的青年队员们风华正茂，担负民族责任贯达皓月长天。

扶桑初日，沧海可填，面对时代重任，这就是青年的担当！

当新型冠状病毒在中华大地之上掀起巨浪时，我们见证着中国青年勇担责任，奔赴一线，愈"战"愈勇：前线有年轻的护士跳起《小天鹅》；凝聚目光的方舱医院有青年舞出《火红的萨日朗》，那是可爱的青年用担当燃起火焰，"95后"女孩儿不分昼夜，骑行三百千米承担岗位责任；快递小哥无畏风险，主动接送医护人员……这一件件都是奋勇的青年正在为祖国书写明天！

万里迢迢，以此为归，面对民族重任，这就是集体之青年的风貌！

求学十余载，我们在书海中磨砺心志，更在实践中体悟人生，我认为在青年时期展现青年担当，方能做到少年青春不染昏昏暮色，十年寒窗不改一腔热血！当多重势力试图牵制我国的创新力量，我们不曾失去信心，因为在祖国大地的每个角落，无数青年正在创新的路上迈出果敢的步伐，中华民族将会由我们这批心有凌云之志的青年书写改革创新的美好未来！

"我自不辱使命"，身在时代的洪流中，新一代青年的我们更应担当重任，任他劲风急雨，任他海浪滔天，青年担当者，必将于一路征途之上播撒熠熠光芒。

"红日初开，其道大光；河出伏流，一泻汪洋。"勇当持炬者，不负少年时！

指导教师：田　军

送　　别

◎朱婧睿

阿亭有把好嗓子。

大哥经常说，他最喜欢听阿亭唱歌了。

在这个小山村里，青年人个个都生得强壮朴实，唯独阿亭跟个豆芽菜似的。和他关系最好的大哥常常捉弄他，阿亭总想还手，但无奈大哥气宇轩昂，脊背一挺，阿亭只到他肩膀。

但现在，他越来越少见到大哥了。大哥开始不怎么回家，记忆中那张总是温和的脸庞笼上了郁郁的神色，父母问起也只是岔开话题。即使阿亭和他正面碰上，大哥也只是像陌生人般擦肩而过，只留阿亭一个人站在原地，郁郁寡欢。

天气越来越冷，阿亭的父母开始警告他，不要出村，不准乱跑，遇到陌生人千万不要讲话，小伙伴们也不太出来。阿亭把门拉开，往往只望见荒芜的天色下散布着零星的草垛。

村里人的脸色如同哥哥般，越来越阴沉。有个小伙伴悄悄告诉阿亭，日本鬼子要来了，要打仗了。

打仗？阿亭惊讶地张大嘴，那可是要动刀和枪的。

小伙伴点点头说，打仗要死一大片人。

阿亭一颗心猛地沉了下去。他想，真吓人。

这天，阿亭割完草回家。一进门，就听到了低低的啜泣声，是娘。

阿亭心里一紧，连忙扔下草篮子，撒腿就往院里跑，却听见一声重重的关门声。待他冲到房门口，只看到父亲委顿在炕上，双肩像垮了一样，指尖的那点火光颤巍巍的，一张脸隐在烟雾间。

阿亭对上了娘那双通红的眼："娘……"

"阿亭，你哥参军去打仗了……"娘颤抖着开口。

阿亭的呼吸骤然停止，脑子里血往上涌，他只听见自己的声音如游丝："那哥现在……"

父亲狠狠地把烟往地上一蹾："往后山走了。臭小子，还故意瞒着我们呢。"

阿亭没顾上听，像头小蛮牛似的，冲到后院，用肩膀撞开大门，一路向后山跑去。

"哥！哥！"

他一路呼喊着，终于在山的一个拐弯处，见到了一支英挺的、整齐的队伍。他的大哥正走在队伍的末尾，夕阳的光落在他肩头，霞光万丈。

听到声音，大哥回头望了过来，那目光像翻涌的金色光海。

阿亭的心里涌上一种深切的忧伤。他不由得想起哥哥曾经说过，最喜欢听他唱歌。

阿亭连忙调整呼吸。

"长亭外，古道边，芳草碧连天……"悠远的童音，响彻在云天之下。漫山的黄昏裹挟着歌声，传到队伍耳中。

阿亭知道，这是李叔同的《送别》。他还有满肚子的话想对哥哥说，但时间太短。满腔的牵挂只化作了一首歌，流淌出唇边。

一曲唱毕，阿亭已是泪流满面。

他就这么跪在小山岗上，在泪眼中目送着那支队伍模糊成夕阳下的一个光点。

他不懂，为什么哥哥要去参军，甚至没能给他留下一句再见。

送别哥哥之后，阿亭依旧得回归到自己的生活里去，然而此时他的生活已经大变样。疯狂的日军开始炮轰这片土地，时不时会有爆炸声在不远处的田野响起，每当这时，爹娘就会把阿亭拽进地窖里。

阿亭终于明白了什么叫战争。他眼睁睁地看到了跋扈的日军架着机枪对着四周扫射，看到了洁白的后墙被溅上触目的鲜血，看到了他的玩伴死不瞑目地躺在地上，看到了从天而降的炮弹炸毁了一排又一排房舍。娘的泪水越来越多，爹的白发像一夜间生出来的，头上仿佛落满了冬雪。

时间那么昏暗，阿亭每每蜷缩在地窖的角落，都会无意识地哼起那首《送别》。曲调依然蕴含着悲伤，但悄然而生的是一种愈加强大的信念。

三年过去，阿亭长成了青年模样，与离开时的哥哥相差无几。

日军开始南下，村里的侵略变成了管控，听小伙伴说，鬼子要在这里成立伪满洲国。当年幸存的小伙伴们都已经长大成人，个个眼里闪着坚毅的光。

阿亭终于明白了哥哥眼中那盛大的光芒。

阿亭咬牙，手攥得很紧。

他恨透了那些飞扬跋扈、见人就杀的日军。他想成为像哥哥一样的人。他也要参军！

在一个漫天飞雪的深夜，阿亭悄悄地撬开家中的锁，和村中的几个伙伴一起走向了后山。

天寒地冻，阿亭的双脚已经麻木。这是一条哥哥曾经走过的路。哥哥走的时候霞光满天，而他如今在穿越黑暗。阿亭嘶哑地开口："长亭外，古道边，芳草碧连天……"

那副嗓子早已不复从前的清澈，唱得却仍旧动人。

阿亭是唱给自己的。

为曾经的自己送别，现在的阿亭要身披戎装，奔赴疆场。

又过去了三年。当年参军的青年们终于迎来了归乡探亲的机会。爹娘在人群里踮着脚尖寻找，终于看到了更加高大的大哥。

他的脊背挺得笔直，仿佛还是那个眼比天高的少年。细看之下，数年的风吹日晒，将那双曾经天真的眼睛磨炼得很深沉，古铜色的皮肤上交错着狰狞的伤痕，可残破的皮肉之下是令人骄傲的一副钢筋铁骨。他没说话，只是缓缓地抬起手，紧紧地抱住了愈发苍老的父母。

爹娘又惊又喜，抱着大儿子摸了又摸，死活不撒手。娘抱着抱着，突然抬起头，眼里闪着泪光。

她问:"阿亭呢?"

大哥松开手,嘴唇哆嗦着,从衣服口袋里摸出一张被烧了半边的纸。

娘接过纸一看,上面赫然写着:"长亭外,古道边,芳草碧连天……"

大哥的眼里滚下泪来。

指导教师:谭　悦

江湖平民闪佛光

◎王宝珠

北魏,是文化交融的时代;唐宋,是思想迸发的时代。他们留给晋美之地无穷精美。

我们在最好的时代,和平,富足。

重庆,最别样的八月,高温、干旱、山火、限电、疫情,没击垮重庆人,却激发出"佛光"。

无情的山火吞噬着重庆的"肺叶"青山。

平日机车轰鸣在城中江边的重庆人,骑着摩托背着救灾物资,二话没说就飙上了山。

无尽的高温考验着重庆的血脉江河,也考验着重庆人民的衣食住行。

火海一线的消防员、志愿者在奋斗,疫情封控区的人也在奋斗:商场实行了节电措施,轻轨和地铁减少了照明,居民们开始少看电视、少开空调、少开灯,一家人挤在一个房间睡觉……

和衷共济,他们接连不断运送的物资,是云南赶来支援的消防人员赞叹"从未想到在救火场还能吃到冰糕";他们敢于奋斗勇于承担挺身而出，是伟大的红岩精神的赓续。

　　这里，留下一片绿；

　　这里，带动一群人；

　　这里，团结一个城；

　　这里，成就这伟大民族。

　　我们从不是力拔山兮的金刚，我们浴火涅槃，成为降龙伏虎的罗汉。

　　自在观音，更，自在。

指导教师：冯陈润

致敬隐形守护者

◎杨一笑

致敬革命岁月中的地下工作者!
致敬站在黑暗里守护光明的革命志士!

萧萧深秋入,昔时新叶枯。
双目染世俗,信念不可复。

一天工作终于结束
繁星点点挂夜幕
总有星芒不突出
在暗处
在寂寞无人处
守护自己故土

不在意他人侮辱
坚定迈出每一步
可是再多贡献也不被记录

不被记住

革新本就不会势如破竹
如今功绩都被扔进火炉
我该如何说服
自己坚持住

默默付出
还要把汉奸之名背负
来不及嘱咐
来不及全盘托出
就被民众之怒
活活压住
在辱骂中亡故

只能独吞孤楚
找不到承载痛苦之物
哪怕是一本残缺不全的书
或是一段轻描淡写的音符
只能让香烟的雾
带走我的无助

是否我太糊涂
一开始就选择错误

到底什么才是正路

萧萧落木，终成归途

当我重逢旧友
是终于共归殊途
一见如故
还是对峙势力两股
注定形同陌路

仇恨蒙蔽双目
装睡的人为何还不醒悟
成为所谓叛徒
有太多因素
萧萧落木，终成归途

某个下午
接到调查任务
刚有眉目
却发现自己早已分不清楚
什么才是善良与凶恶
原来没有人是从始至终的善者或是恶徒

都说人人需要面具一副

来把自己保护
可戴着年复一年
会不会腐蚀真正的面目

监狱里的囚徒
说不清他到底心性如何
见证一个又一个枉死的无辜
我以为自己早已麻木
却发觉眼角的泪珠
奇怪我怎么会哭

一个声音说醒醒吧
可谁又能分清自己在哪
是现实还是虚假
归途里的人啊

我更希望这是个梦吧
醒来后就能重新出发
逃掉乱世的魔爪
不再遇见他或她
被迫于无奈之下
只剩唯一的办法

萧萧落木，终成归途

是什么　让人忘了痛苦

是什么　还来不及表露

是什么　被烈火包裹住

是什么　耽误众人前途

磨灭又一个充满希望的抱负

是什么　让人忘了痛苦

是什么　还来不及表露

是什么　被烈火包裹住

是什么　耽误众人前途

磨灭又一个踌躇满志的报复

是谁　把时代陈述

是谁　又把谁的事迹补足

是谁　望着国旗忍不住哭

是谁　却沉浸在当今幸福

指导教师：苏　嘉

中国人骨子里的浪漫

◎曾麟涵

"我给你们三次不上课的机会,我想你们一定有什么比上课更重要的事。或许是楼外的蒹葭,或许是今晚的明月,又或许是鸡鸣寺的樱花。"作为学生,我很喜欢江苏大学这位语文老师说的这段话。古朴的话语中不仅蕴藏着文字的浪漫,更是将浪漫的传承烙在了中国人的行动中。

翻阅历史书籍,在领略五千年源远悠长历史的同时,你会惊奇地发现,不论是帝王还是圣人都深爱美酒。因此酒在中国人的认知里被赋予了极其浪漫的色彩,琼浆玉液早已成为中华民族祖祖辈辈离不开的一种浪漫文化载体。婚丧嫁娶、酒宴聚会……欢乐与哀愁都在国人的推杯中展现。举杯中,恍惚间,我们仿佛踏进历史的长河,看到如赵匡胤等历代帝王的把酒言欢、摔杯挥剑的霸气;看到如李清照等文人雅士的曲水流觞、当歌弄琴的盛景……酒杯中满盛的不仅是豪情霸气、诗情画意,更是传承着中国人的果敢坚毅、风雅浪漫。

我想酒虽不是孕育生命的甘露,却是能让热血的中国人生命更加浪漫的催化剂。不然,怎能让我最爱的诗仙李白半辈子都醉在酒香里呢？饮酒后的诗仙喜怒哀乐无不以酒来表述，用诗浪漫了世间人："举杯邀明月，对影成三人。""但使主人能醉客，不知何处是他乡。""唯愿当歌对酒时，月光长照金樽里。"这样的酒言酒语竟让人觉得还未读其诗，便已觉那酒香醉人；这样的盛世金句，令世人竟不知到底是酒是月是年年岁岁惊了李白，还是李白自己惊了那酒那月那年年岁岁。

至今在安徽李白的墓前，每日都有来自五湖四海的人为诗仙献酒。还有人担心"钟鼓馔玉不足贵，但愿长醉不复醒"的诗仙喝酒贪多，不忘留张字条："这（瓶酒）是给杜甫的。"我想这定是浪漫的国人想用美酒唤醒李白，好与诗仙共同寻醉，体会五味杂陈的人生况味！这难道不是中国人刻在骨子里的浪漫吗？

"襄阳乃是我大宋屏障，不容有失。"襄阳，金庸笔下无数次提起的城，一座他心中英雄聚集的城。虽然他赋予了襄阳"外揽山水之秀，内得人文之胜"最美好的定义，但终其一生没能踏进这座城却是老爷子最大的遗憾。《天龙八部》《神雕侠侣》《射雕英雄传》……金庸用一部部鲜活浪漫的作品，用古典与现代相交融的手法，充满激情地圆满着世人的侠客梦。面对金庸的溘然长逝，武侠迷们齐聚襄阳城墙，用蜡烛寄托哀思，追念这位以笔墨书写江湖浪漫的豪客。金庸先生笔下的郭靖、黄蓉、郭襄、杨过，让我们记住了襄阳这座城，记住了江湖的快意恩仇，也让我们记住了老爷子。

侠客行，江湖远。我们相信这座城，永远为金庸先生点亮。一座城，纪念一个人，这是这个城市的温度；这是属于武侠迷，属于中国人崇高的敬意和浪漫！

中国人喜欢红色，鲜艳的红浪漫得更加有人间烟火气。

三书六礼，四聘五金，十里红妆，凤冠霞帔，八抬大轿，明媒正娶。古人用张扬、明艳的红色来表达喜悦。隆重的仪式感彰显着中国人与生俱来的浪漫！

有人说红色俗气，那是因为君不知"红豆生南国，春来发几枝。愿君多采撷，此物最相思"中深沉的爱与思念；那是因为君不知《孟子》云"大人者，不失其赤子之心者也"中"赤子"那称呼，是中国人留在血液里对孩子的爱；那是君不知飘扬的五星红旗是革命先辈不惧牺牲只为换来国泰民安的大义凛然。红色是独属于中国人的浪漫！

中国人的浪漫怎么说都说不完，这种浪漫时时刻刻、世世代代刻在每一个中国人的骨子里，融在行动里，淌在血液里，烙在心底最深处。作为中华儿女，我深知爱家爱国是中国人的一种力量，一种信仰，更是浪漫的源泉！我想作为青少年的我们，只有将自己浪漫的"少年梦"融入为国为民为社会做贡献的中国梦中，才能更好地承担起建设国家、服务社会的重任，才能真正成为一个浪漫的中国人！

指导教师：苏　嘉

最美逆行者

◎刘族煊

这座城气节铮铮,这些人固若长城。

——题记

2022年的重庆,出现了历史罕见的高温、大旱,引发了18处山火。面对肆虐的山火,甘肃、四川、云南的消防战士、武警官兵闻令而动,星夜兼程,赶赴火场。他们叫响了"山火不灭,决不收兵"的战斗口号,以血肉之躯守护人民群众安全,用实际行动诠释"最美逆行"。

面对肆虐的山火,还有无数的平凡人挺身而出,成为盛夏时节最闪耀的"明星"。这个夏天,让中国看见了重庆人的团结和顽强;这场山火,让中国看见了重庆人的大义和担当。

有一群"炸街"的小伙们聚集起来,不问身份、不分你我,利用摩托车的机动性,穿梭于各条救援通道,为救灾挺身而出。

有一群餐饮店老板二话不说,生意不做了,把刚买的肉全部拿了出来,变成了一摞摞盒饭往山上送,还不停叮嘱打菜的人：肉多点儿，黄豆少点儿。

有一群人聚在街边，只为争做志愿者。听到组织者说，只需要30名男性时，周围所有人都举手了。有人说自己当过兵，有人说自己参加过汶川地震救援，还有人说自己是党员。

有一群出租车司机，平时可能连两块钱燃气附加费都要计较，但这次他们只要拉到去山上救火的志愿者，立马就会关掉计价器说："我免费送你们过去，我给你们留个电话，如果你们下山太晚没有车回来的话，就给我打电话，我免费来接。"连夜从外地赶来支援重庆灭火的消防员，被摩托车骑士一个一个运送上山。

有人发布紧缺的物资。需要水，10分钟后，水够了。需要解暑药，5分钟后，药够了。需要志愿者，30秒后，"够了，大家不要再报名了，原地等通知"……

一声招呼，北碚百分之九十的摩托车主都来了！越野摩托价格不菲，大家平日都爱车如命，但在火场前，没人再顾得上保护车。山下，是更多重庆市民用各种方式筹集物资，保障前线。孩子捐出压岁钱，给救援队叔叔买水，95岁的老奶奶深夜给救火人员煮稀饭："这是平安粥，你们都要平平安安地回来，一个也不能少！"还有志愿者手提肩背徒步往山上送物资，一趟山路来回要一个多小时。

一个重庆民航飞行员，刚飞完早班机，落地后听说缙云山火，他马不停蹄地开着自己的车全城采购物资，正准备买药品的时候却被告知：不用买了，旁边那个药店的老板早就送了一卡车上去。

一位外地的消防战士，感慨万千地说："我灭了十几年火了，这次灭火竟然还吃到了冰糕。"还有位外地消防战士的妻子说："真的万万没想到，老公在消防工作马上12年了，参加过很多次救援，但这个地方真的是太让人震惊了，第一次见到这么多志愿者，不睡觉地保障我们，要什么有什么。"坚韧顽强的城市精神，流淌在每个重庆人的血液当中。

这座城善良勇敢的血性早就刻进了每一个人的骨子里，与生俱来，血从未冷！这场大火，展现出重庆人一种顾全大局、砥砺前行的担当精神，一种不畏艰难、一往无前的奉献精神，更是镌刻忠诚、信念坚定的斗争精神。

这就是重庆城，一座英雄的城市，曾经是，现在是，未来也是；这就是重庆人，一群无私的人民，前辈是，吾辈是，后辈也是。

向所有"最美逆行者"致敬！

指导教师：鞠红艳

蜀中乐土

引　言

每个城市都有自己的味道，巴山渝水孕育了山城重庆独特的风貌和文化。生活在这片土地的孩子们也用自己独特的笔触描绘出属于自己的"蜀中乐土"。本编共收录了13篇精彩之作，它们涵盖了孩子们对母校南开的深情描绘和对蜀中之地的真挚赞歌。

故乡、童年、中学时代都是记忆中的"乐土"，不需要刻意挖掘，它就仿佛在"灵感土壤"里躺着，会在某个时刻不经意地蹦跳出来。

记忆中的美好一帧一帧地闪现，从南开的师长同窗、校园的一砖一瓦，到重庆的街头巷尾、特色美食，再到奔腾的嘉陵江水、古老的吊脚楼……选材丰富多样，涵盖范围如同蔓延扩展的绚丽画卷越来越广阔。

因为孩子们与生长的这片土地心灵相通,他们回顾自己在蜀中成长的经历,重新审视那些熟悉的场景与人事,在对其的热爱中走向对自我内心的探索与思考,才能写出让我们倍感温暖和感动的文字。

在其中,我们与文中的作者一同走过南开的风雨历程,感受其厚重的文化底蕴如何孕育无数学子的梦想,了解一个重庆娃如何在山城的坡坡坎坎中勇敢前行,从《土家摆手舞》中领略民族风情的韵味,在《南渝·春天·榕》里见证自然与人文的交融,在《羊肉汤锅里的温暖除夕》中体悟亲情的美好。

更难能可贵的是,孩子们并不仅限于简单描述某一景象、某一事件,而是力求以小见大,从这些故事中洞悉岁月的痕迹、感知时代的脉动。正如某位大家所言:"这样一丝一缕,有浓有淡,纷繁复杂的个体脉络,就像历史学意义上的图册。"而那些有浓有淡的个体脉络,经由孩子们的慧心巧思,有章有法地生动呈现出来——有的歌咏南开的百年历史,有的聚焦重庆的独特风俗,有的则围绕个人在这片土地上的成长足迹展开——形成关于蜀中乐土的图册,记录着一代人的情感,昭示着一段时期的发展。

最好的写作状态不就是如此吗?以生活为源,以真情为笔,跟一个地方建立起最佳的心灵关系,在风声中找到语言,从光阴的交替中找到自我表达的方式,让读者的心灵可以安放其中。哪怕空间很小,哪怕这样的书写是城市里的一条河流、校园里的一棵榕树,甚至是茶馆里的一杯盖碗茶。

我骄傲，中国梦里一直有南开

◎晏梓宁

亲爱的老师们、同学们：

大家好！我是初二9班的晏梓宁，今天我演讲的题目是《我骄傲，中国梦里一直有南开》。

小时候，在南开工作的妈妈带着我走进美丽大气的南开校园。她指着校训壁上八个鲜红的大字，一字一顿，教我读：允公允能，日新月异。平时温和爱笑的妈妈显得庄重严肃，尽管我不懂这句话的意思，但是认真地读，默默记在心里。

长大了，进入中学。黑板上方八个大字赫然在目，依然是"允公允能，日新月异"。童年时妈妈给我讲的一切关于南开的记忆自然地复苏了。

记忆里，南开校园那尊站立的雕塑鲜活起来，那是我们的张伯苓老校长。他在风雨飘摇的旧中国大声疾呼：允公，是大公，唯其允公，才能高瞻远瞩，正己教人；允能，是要做到最能，要有现代化的科学才能；日新月异，是要能成为新事物的创始者，要能走在时代的前列。他要求南开人要肩负新中国的梦想，要培育"允公允能"之新型人才，办"日新月异"之新型教育，以探索一条教育救国之路。原来，中国梦里一直有南开人为祖国的救亡图存振臂高呼！

记忆里，南开中学最杰出的校友向我走来，那是我们敬爱的周恩来总理。从入学时立志"为中华之崛起而读书"，到毕业时与同学们约定"愿相会于中华腾飞世界时"，青年周恩来在南开中学的奋斗足迹，呈现了一名年轻学子为实现强国梦所进行的不懈努力。原来，中国梦里一直有南开人为民族的光复振兴探索跋涉！

然后，一张张为实现中国梦的南开人的脸出现在我面前。清华大学校长梅贻琦、地质学家袁复礼、国务院副总理邹家华、火箭专家梁思礼……一个一个从历史中走出来，他们把一根刻有"公能"的接力棒不断传递。

今天，接力棒通过老师、校歌、镜箴、校园的一草一木传递到我们手中。

我看到同学们每天步履匆匆，争分夺秒，努力刻苦地学习；我看到同学们每天生龙活虎，奔跑跳跃，积极乐观地运动；我看到老人需要帮扶的时候，有同学嘘寒问暖；我看到幼小需要提携的时候，有同学争先恐后。我身边的每一个南开人都在坚持不断地汲取知识，锻炼身体，充实自己，用一点一滴的行动实现南开最初的愿景。原来，中国梦里一直有南开青年在为世界的美好添光加彩。

我开心，我是南开青年；我庆幸，我在百年南开；我骄傲，中国梦里一直有南开！

谢谢大家！

指导教师：何　琛

茶香里的人间烟火

◎王静涵

时间浸泡在水里，成了一杯香浓的茶；时间润入岁月，成了五味杂陈的人生；如果时间让入一处建筑中，又会是什么样的景象？伴着疑问，闲步在四川美术学院寻找时光，寻至藏匿在沿街门面中的"重庆交通茶馆"。这里弥漫着茶香的人间烟火，沉淀着百味的市井人生。

穿过一条狭窄的楼道，一幢20世纪七八十年代建造的老屋映入眼帘。半地下的门洞，灰黑的砖瓦，掉皮的墙体，感觉稍不留神就会错过这藏匿市井中的老茶馆。走进茶馆，街坊清脆的麻将声、老大爷的下棋声、伙计端茶倒水的吆喝声、邻里小孩儿追来跑去的打闹声、横梁上大吊扇转动的吱嘎声……好一个原汁原味的老茶馆，好一个文人笔下老重庆城的"小世界，大江湖"！

细心打量，抬头瞧见那老木架搭建的房顶，粗实光滑的木梁，承载着青黑的石棉瓦。经过多年风吹日晒的打磨，这些瓦片已经斑驳，露出好些缝隙。遇上晴好的天气，阳光从这些不规整的缝隙洒下来，地面上印出一块块大小不一的光影。此刻，我成了一只淘气的小猫，在大人喝茶搓麻间，蹦来跳去捕捉着那些光影消磨时间。这样的场景多少次出现在我梦里，梦里有过祖祖家的瓦房，梦里的我也是这样玩着光影游戏……

转眼看见茶馆里那一张张四方桌，这些可是老物件！规整的条板拼接，厚重而温存。桌面虽已陈旧了，但摸上去却光滑顺手。这也许正是往来茶客手肘"爱抚"，麻将"吃碰"，茶碗"研磨"，长年累月留下的细细纹路，却一点儿也不会扎手。有时候茶客打趣地对老板说该换桌子了，可想来想去谁都不舍得。不舍这桌子板凳间岁月的印记，不舍这茶馆里沉淀的风雨，不舍这茶客与茶馆之间别样的情感。

盖碗茶来了。揭开边沿偶有缺口的盖子，热气扑面而来，我学着妈妈的样子用嘴轻轻地吹了吹茶水，水面泛起微小的涟漪。我慢慢地喝上一口，淡淡的苦味儿溢入舌尖，随即就是甜和香，萦绕口中久久不去。在一旁的八斗柜里，搪瓷杯，陶瓷杯，保温杯……高的矮的胖的瘦的各式各样的杯子，摆放得不留一丝空隙。这都是常来茶馆喝茶的客人把自家的杯子放在这儿，来喝茶时取了交给伙计冲泡就是，这交通茶馆俨然就是客人的半个家了！

今天的交通茶馆算得上是重庆的一个文化符号了。10元一杯，无限续杯，这样的市井文化，不高昂，却成了各自心里高贵的白月光。

对于黄桷坪附近的老居民来说，在这里品的不是茶，是他们曾经在这里倾注的青春。对来往于此打卡的游客来说，在这里喝的不是茶，是扼住喉咙的都市节奏中一抹气定神闲的生活态度。

　　对青春的缅怀，对未来的向往，对活在当下的肯定，都浸润在茶馆里的一砖一瓦、一桌一椅之间。一花一果皆是缘，一人一物皆是情，交通茶馆就是重庆人质朴生活的直接抒情。不信，你也来品尝一下这茶香里的人间烟火吧！

指导教师：赵　静

南渝·春·榕

◎黄秋皓

春风爬上窗头,翻过窗帘,吹醒了沉迷于书本的我。惬意的春风允许我悄悄分会儿神,我将目光投向窗外,撞见一片绿意盎然——是榕树啊!上次注意到它是什么时候呢?我的思绪顿时回到了那个初春……

整个秋季,我都没有注意到它。倒是校园另一旁的黄桷树——陪伴我小学六年的树——吸引到了我。无论是那拥挤的绿叶,还是那飘飘欲落的黄叶,都能勾起我对小学的一脉情思。记忆中的中山四路,春日都是百花齐放,满地黄叶的景象,踩上去,"咔嚓、咔嚓"的声音是最难忘的回忆——似乎,春日就应这样。而秋日,正是黄桷树苍翠欲滴之时,一旁枝叶凋零的梧桐,倒显得毫无趣味——似乎,秋日也应如此。可与黄桷树截然不同的榕树,这个春天,闯入了我的生活。

它笔直地挺立在教学楼的中间。或许因为专注学习,大家平日都没注意到它,倒是公能广场和体育馆旁小道上的花草树木吸引了大家的注意。它就如此无缘无故地被忽略了。

寒假归来,正是初春。原本生机勃勃的校园却显出一番凋零的景象。窗外的榕树一干二净，只留空空的枝干呆愣在那儿。而另一边的黄桷树还留着一身绿装，令人赏心悦目。

几周后，我坐到了窗边，这时的春，悄悄爬上树的枝头。此时的春风，寒冷，却又惬意。在春风的诱惑下，我悄悄将思绪从课堂移至窗外。褐色的树丫上，有一个小绿点，仔细看，整棵树上，这些小绿点已颇具规模。我不敢久看，可那些小绿点已在我心里生根。

随后的每天，我都悄悄地看着她一步步换装，看着春在它身上生根发芽。

当它终于绽开花苞，在枝头开出一朵朵秀气的小花时，早已按捺不住欲望的蜜蜂极快地飞来，吃饱喝足后又颤巍巍地飞高——大概觉得不够满足，又啪的一声坠落在另一朵花上。来回几次后，才撑着肚子极艰难地飞向远方。

我哑然失笑，第一次发现昆虫也有和人类类似的情感。

当它的枝头挂上几片小叶时，时常能看见麻雀——一只叽叽喳喳地飞来，在枝头蹦蹦跳跳地吵起来，又来一只和这一只一起蹦，一起吵，最后两个对视一眼，又叽叽喳喳地飞远了，空留树枝轻轻抹去它们来过的痕迹。

我微微一笑，这却也似我们这群吵闹的小孩儿。

当枝头挂满小巧可爱的绿叶时，我才意识到，我看到了春。

然而，我又错过了春。

疫情时宅在家，看着老师们在熟悉的五班教室上课，从摄像头可以看到硕大的教室，却偷窥不到窗外的榕树。心里感到一丝感伤——不知它长得如何了，再见时，也不知它如何——其实最伤心的是因为：我错过了它，错过了春。

而看见老师们帅气又能干地在耕读园里种菜的照片时，心里却也有了一丝慰藉，老师们在帮我们守护春啊！

返校再见榕时，它已枝繁叶茂，绿意盎然。虽开心再见它，可也伤心错过了它的生长。花已凋谢，蜜蜂不再光顾，但也无妨。春风依旧惬意，麻雀依旧莅临，那满目苍翠弥补了这一点儿缺憾——春风拂过，听榕叶，也是一种享受。

黄桷树的黄叶散落在地，而我找到了赏春的另一种方法。

第一次见南渝之春，竟如此美好。

那天周末返校，总觉得校园哪里变了，看了半天，才发觉：前门的树都被拔了。空落的校园，低落的心，急忙赶到教室，望向窗外，见绿意仍在，才长舒一口气。黄桷树枝头早已无叶，榕树的这抹绿倒成了校园春日的一大生机，它的光芒，早已盖过枯败的黄桷，我竟有些愧疚：秋日时为何忽略了它。

晚自习遇见一篇美文——《闲读梧桐》，才知榕树并不在意他人眼光，凭借一步步脚踏实地的努力，终不负自己，万丈光芒。这也算是对浮躁的我的一个教育。在周二晚，我再次回想起《闲读梧桐》，伴随着飞沙走石的"妖风"，我竟害怕起家里窗子会不会被震碎。夜里无眠，忽想起在南渝与风雨作斗争的榕，不知它是否安好。

知否，知否，次日见榕依旧。

绿叶上挂满晨露，树干经一夜的冲刷，干净，光泽。想起

《闲读梧桐》却悟到它可不是只在春、冬两季与自然作斗争呢！它可是随时笑对自然的呢！淡然、坦然、自然，使它的根紧紧地扣住人生的弦，而不因一点儿风浪迷失自我。

春已深，愿榕树蓬勃生长。

指导教师：赵　静

土家摆手舞

◎秦语辰

世界上有哪种舞蹈是需要上百人来跳的呢？世界上有哪种舞蹈是一次就会跳几个通宵的呢？世界上有哪种舞蹈是乐剧歌舞融于一体的呢？

要说清土家摆手舞，还得从土司王的故事讲起。

有一年，土司王领兵出征，把敌人困在城里，眼看已是瓮中捉鳖，手到擒来。哪料敌人却仗着城高壕深，闭门不出，过了很久，城还没攻下来。人困了，马乏了，粮草也吃光了，这样下去怎么得了哇！士兵们都愁眉苦脸，唉声一片。要求土司王让他们撤退。

到嘴边的肥肉又白白丢掉，土司王一时也拿不出主意，心焦火燎，坐立不安。他想解解闷，便对士兵们说："给我跳个舞吧。"脱口而出的话让士兵们心里一惊。尽管军令如山，但士兵们都用眼神回应着土司王："这是打仗，不是儿戏啊！"

土司王心里一动：就是因为双方时时刻刻准备战斗，才长期相持不下，何不让紧绷的弦松弛一下呢？于是土司王再次坚决地下令："全军放下刀枪，就地跳舞！"这回谁也不敢违抗了，眨眼间都敲起了锣，打起了鼓，随着音乐起舞，一片欢腾。城里的敌军先是看着一头雾水，不明白这跳舞跟打仗有何关系；但细一想，打仗也该喘口气呀！于是也纷纷放下刀枪，比葫芦画瓢，在城上跳起舞来。敌人懈怠，时机成熟，土司传令，将士攻城。刹那间执枪的执枪，拿刀的拿刀，军士齐心协力，势不可当。

后来，这种舞逐渐成了风气，世代相传，千古不衰。最初摆手舞是为了鼓舞军心，庆祝胜利，而现在是为了迎接"赶年"（过年），祈求幸福。

一般来说，夜晚的摆手舞少则百人，多则千人，站不下的人们围成一圈又一圈，围成十圈也毫不稀奇。一跳就是几个通宵。摆手舞必然热闹浩大，除了急事拖累，否则土家人必会加入其中。周围预备了干粮，所以摆手舞最少都要从天黑跳到天亮。

伴着锣鼓，围着篝火，土家族摆手舞开始了！人们围成三圈，手牵着手，一会儿往左，一会儿往右。它的舞姿粗犷大方。单摆、双摆、回旋摆等动作让人应接不暇。它的音乐独具特色。梯玛（巫师）演唱舍巴歌（土家民歌），乐曲节奏激昂，人们则演绎战斗动作；乐曲节奏庄重，人们则演绎祭祖习俗；乐曲节奏轻快活泼，人们则演绎土家生活。动作随着音乐改变，丰富多彩。

这就是集歌、舞、乐、剧为一体的土家摆手舞。摆手舞就是这样，一代一代地在欢乐中传承下去。

指导教师：邵若晨

大 渡 河

◎廖哲熙

"黄河之水天上来,奔流到海不复回。"用这句诗来形容长江支流大渡河,也非常合适。站在大渡河边、峨眉山旁,望着开阔的水域,不禁觉得豁然开朗,令人眼前一新。

多么雄壮的河水呀,"乱石穿空,惊涛拍岸,卷起千堆雪",河水"飞湍瀑流争喧豗,砅崖转石万壑雷",两旁山脉"连峰去天不盈尺,枯松倒挂倚绝壁",正如"其险也如此,嗟尔远道之人,胡为乎来哉","而世之奇伟、瑰怪、非常之观,常在于险远"。河水从峨眉山下流过,金顶上的白象凝望着它;河水从太阳岛边流过,绝壁旁的乐山大佛凝望着它;河水向三苏祠方向流过,站在江边的苏轼凝望着它;河水经沙湾流过,立于岸上的郭沫若凝望着它……

年年岁岁,岁岁年年,多少文人骚客凝望过大渡河,多少英雄豪杰凝望过大渡河?大渡河又经历了多少风雨,经历了多少世事变迁?但大渡河永远坚定地走在入海的路上,时而平静,时而急切,时而缓步,时而奔跑。

我在泸定见过大渡河,泸定桥横亘在水面上,两座桥头堡遥遥相望。河水被困在山谷中,正是这份狭窄,让水流更加湍急,常溅起几米的浪花。这让人肃然起敬,因为这里正是"大渡桥横铁索寒"的地方。大渡河上江风紧,刮得你戴不住帽子。整个桥体在风中摇摆,更让人觉得飞夺泸定桥是件惊天动地的壮举。"黄云万里动风色",天阴沉沉的,是向壮士致敬!"大江茫茫去不还",而永存的,是壮士们不朽的精神。泸定的大渡河流淌的正是革命精神,它随河水传遍大江南北。

大渡河的源头又是另一番风景。涓涓细流从白色的雪山上流下。谁能想到这就是雄浑的大渡河呢?光看这细流,定是想不到的。水中还有冰块,与山石碰得叮当作响。水中冒着泡泡,也有浮着的积雪,"雪沫乳花浮午盏",这是大海的一杯下午茶吧。水是清凉的,也很澄澈,再找不出像这样好的源头了。好的源头孕育好水,大渡河通体碧绿,雾气飘飘,没有沾染泥沙,能达到这种境界的河不多,况且大渡河的颜色是很难描述的。那是青色中带一抹蓝色,也可能是偏绿。朝映日出,暮映晚霞,又平添一抹红晕。大渡河穿过小城,小城的灯火又照一丝青色;大渡河穿过草原,草原的牧草衬出一道清蓝;大渡河流过山谷,山谷的岩石增添一抹嫩绿。大渡河走在每一个白天和黑夜,河水踏实地步步走远,追逐它的梦想。阳光温柔地躺在河面,一只白鹭飞入视线,又消失在天边。大渡河很安详,很闲适。

每个人都有喜怒哀乐,就像大渡河时而平静,时而湍急,变化无常。中国水系绵延万里,就像中国人的铮铮铁骨。不畏艰难险阻,不畏跋山涉水。只要汇入大海的那份坚定。人,就应像河流一样,去奋斗,去拼搏,成为担当未来之栋梁。

指导教师:佘小涵

风起南岸·山水渝乡

◎ 刘泽宇

在这里，遇见"两江四岸"之盛汇。

在这里，遇见"绿水青山"之旖旎。

这里是南岸，是山水城市的会客厅，也是生态人文的风景眼。

这里是我的家乡，一方长江簇浪，十里广阳送香。

成长在南岸的风里，育就美丽中国的"渝之力量"。

长江景眼属广阳

广阳湾，巴渝的"富春山居图"。自"智创生态城规划"发布以来，那禀赋优越的长江之眼，一展其独特的自然风貌。

江峡相拥之处，新一季的鹤鹬与苍鹭徜觅江岸，徜徉广阳岛畔。湾嘴浅滩之角，水面滑过黑鸢与灰鹤的羽影，时常可见涟漪碧漾的江面，窜出只只雏鹭，怡然于巴茅叶之上。江温尚惬，岛山傍的巴茅丛粉黛方施，在广阳岛倚滩的堤脚，疏浅生长着，稳固着一方水土。山水环绕的地势，造就美丽的网红打卡点，也守护着美丽芸芸中的渝城生态。

山城花冠惟南山

行走江川，悠然见南山。南山醉人，古巴渝十二景，独揽其四。城市绿肺，山城花冠，为美丽重庆的"山水林田湖草沙"系统治理工程贡献着风景。

都市相连，这里依旧林木联袂，终日缥缈着每一片古老而生机的绿。飞泉衔瀑，长谷见花，涂山禹庙可怀古，林壑龙窟发水幽。"一棵树"能观字水阁灯，"文峰塔"正燃南山醉花。闲云野鹤与朝烟齐飞，山径清荣共落英一色。只临风倚栏，才观两江环抱，城自相融。四季漫花，点燃南岸各时节，痴醉山城乡客人。

新渝园林看银湖

距城区有着半个小时的车程之地，坐落着桃源般的小村——银湖村，也是"绿水青山就是金山银山"全国实践创新基地。明月山麓，小桥流水，银湖镶嵌，绝美民风。

崇山沃水的绿色底蕴，让银湖村的"新渝园林式"公园如水墨晕染般自然天成，乡民们招待着八方来客，也照料着翠峦碧湖，创造出"矮岭现明月，丰水走潭华"的渝风剪影。丘木环合，云水难分，园林山水，葳蕤蓬勃了多少渝人！

风起南岸，爱看山花江水而神往；巴渝之乡，大美中国山水而着色。仰首，是醉心的"南岸蓝"；俯身，是怡人的"家乡绿"。重庆南岸——我的家乡，不只有霓虹鳞瓴，还有山高水长。

指导教师：张　豪

夜色温柔

◎孙文隽

> 雾月西山落，星河泛流萤。灭烛卧悠起，闲坐一夜情。
>
> ——题记

夜晚，是人在一天之中情绪最多最杂的时候，天地苍茫一色，思念魂牵梦萦……

重庆人的夜色是红火的，它来自日落西山后的喧嚣。放学归来的学生们追寻着家里那熟悉的温暖，欢笑声在空气中跳跃，此起彼伏。街道霓虹灯下飘散着最平凡而亲切的人间烟火气，驻足街边，又或是落座小店，点一碗热气腾腾的小面，再看那路灯下街道的车水马龙——年轻人为生活碰杯庆祝，苍颜白发之人在夜色里悠然徐行。那天幕，在灯光的照耀下略显出几分朦胧醉意。重庆人喜欢城市的夜景，更喜欢夜晚本身。

重庆人的夜色是温柔的。去长江边上，感受那迎面吹来的彼岸的晚风，欣赏夜色渐沉，客轮在江面上游弋，激起道道彩色的波痕。飞鸟一鸣穿云，有时或情从心生，不禁吟咏一句

"落霞与孤鹜齐飞，秋水共长天一色"。若遇月出，则是再幸运不过的了，独坐江畔，目送那月儿升至天心，又是一件美事。有诗曰："月到天心处，风来水面时。"能怀有一颗道法自然的心，赋诗情与春江花月夜，这是只属于文人的闲情逸致。

有人曾说："孤独的人惧怕白天，黑夜是虚伪的解脱。"重庆是山城，山峦把城市包围得严严实实，而那耸立的山峰终究是逃不过夜色的包裹。日落西山后，独步山林小径，此时万籁俱寂，只听见那高处低处不时传来几声虫鸣；席地而坐，闭上眼，仿佛还能听见远处江涛在翻涌。抬头望去，是那枝繁叶茂间亲切的夜幕，几点星辰或一轮明月点缀其间；有时日值阴雨，那或快或缓飘荡着的黑云，便成为这幅山城烟雨图的画中主角。古时候，人类从山野走进了城市，今夜又重新回归了自然。在一个人的旷野山中，人与世间万物浑然一体，一切夜晚的风光只为你一个人绽放。如此一来，对夜色的喜爱与希冀，又有何孤独虚伪可言？

重庆人的夜色，是"才下眉头，却上心头"的春花秋月、夏雨冬雪，是有的没的、虚的实的却又真真切切的街边一景，是平平淡淡、简简单单的人间烟火气，是"与谁同坐，明月清风我"的闲适意境。

山城夜色有大美，其实美的不一定是夜色，而是那颗"和其光，同其尘"的心。

指导教师：张　豪

羊肉汤锅里的温暖除夕

◎王芊予

在我的外祖祖家——武隆白果街上，人们热情温暖，整条街的人都像是一家人。每到除夕，一条街的人都会一起过年。今年除夕街坊邻居又要一起在外祖祖家吃羊肉汤锅。前两天家里就已经开始买菜买羊肉了，厨房里一箩筐一箩筐的蔬菜，冰箱里塞得满满当当。

啪啪啪啪！过年了！

除夕早晨，早起的人们已放起了鞭炮。我听到鞭炮声，一骨碌爬起来，兴冲冲地跑到厨房，看到舅公、舅婆、外婆、姨婆忙碌的身影，案板上白玉似的萝卜。只见舅公手提大砍刀，一手提起一大块带骨的新鲜羊肉，看准目标，"咔"地砍下去，一大块羊肉便一分为二。我等不及继续看下去，抓了一个卤猪蹄便跑去看鞭炮。

三十多米的大红鞭炮卷在一起。"唰"地铺开来。一个大人迈开腿，手捏一根燃烧着的树枝，小火苗缓缓地向鞭炮移动。全街的小孩儿都兴冲冲地围在一起，眼睛目不转睛地盯着鞭炮，眼里闪烁着兴奋激动的光。有的胆子很小，捂住耳朵做出起跑姿势；有的蒙住眼睛，从指缝间小心翼翼地注视着。突然间，随着"砰"的一声巨响后，三十多米的鞭炮像劈开的竹子般一节节地炸开，噼里啪啦。应和着厨房里做汤锅的冲水声、切菜声、劈柴烧火声，忙碌又亲切地交织在一起。霎时间，一节节炸开了的红鞭炮，在灰烟中纷纷落下。孩子们抱头乱窜，惊呼大笑高喊着："过年啦！"这家放了那家放。总之，一整个上午震耳欲聋的鞭炮声连绵不绝。

放完鞭炮，吃过汤圆，我们在街上跑来窜去做游戏，看到每家每户都贴上了火红的对联、福字，挂上了大红灯笼，一串串红辣椒、干玉米，将小街装点得红红火火，喜气洋洋。

下午，街坊邻居们都陆续出来了，大人们围坐在一起，互相说着祝福的话。地上火盆里的火正旺，瓜子壳、砂糖橘的皮散落一地。"咚锵咚锵咚咚锵……""呀，舞龙的来啦！"一些小孩子走在队伍最前面，举起家里的锅碗瓢盆一顿敲，几个年轻力壮的男人举起一条金光闪闪的大龙，喊着号子，其他人都兴奋地簇拥上去，欢呼雀跃，敲锣打鼓一路向前。人们放起礼花炮。纷纷扬扬的礼花在半空中飘荡，承载着快乐，承载着幸福，承载着人们对新年的美好愿望，缓缓飘落，落到每一个人的头上。

锅中的热油冒着泡，葱姜调料下了锅，发出吱吱声。人们跳够了，叫够了，笑够了，从街上来到我家。羊肉汤锅已一边冒泡，一边散发出诱人的香味！

不一会儿，街坊们都到齐了，人们纷纷向忙活了一天的外婆、舅公、舅婆、姨婆说些吉祥话以表感谢。这时，几张大圆桌抬上了街，人们纷纷主动到厨房去端菜，不一会儿，桌上便摆满了各式各样的诱人菜肴，人们落座好，倒满啤酒饮料，你推我搡，拉扯家常。这时，厨师们端着热气腾腾的羊肉汤锅喊一声"大菜来咯"，便纷纷把汤锅端到桌中间。随着外祖祖的一声："开饭啦！"人们才举杯欢笑，满足地吃着。

夜深了，冬日除夕夜里的羊肉汤锅咕嘟咕嘟地唱着。大家吃着，笑着，聊着。氤氲的热气中，街坊们的深厚友谊也像这热气腾腾的羊肉汤锅一样，那么热情、那么温暖。

指导教师：陈丽娜

长 江 之 水

◎张晋宇

又来到长江,已是早春。

暖阳和煦地洒在江边,朝天门大桥横跨在长江之上,浩浩长江水滚滚东去,清流激湍,澄江似练。风拂过,岸边花草犹如碧海的波浪。

踏过江滩上的巨石,来到江边。河水清澈见底,清晰可见里面的鱼虾、水草,随波澜而舞。江水缓缓拍打着江滩,弹奏出微妙的乐声,节奏缓慢,不急不躁。听流水之声,享阳光的温暖,时光在这里似乎放慢了脚步,不忍打破这和谐的美好。古人云:"流水之声可以养耳。"缓慢的节拍,使人心旷神怡。

清风从长江吹来,拂来草木之香,沁人心脾。远观长江,阳光照在水面,波光粼粼。栖息在江边的水鸟不时冲入水面,衔着鱼虾飞出;两岸有着整齐的高楼,一座大桥将两岸连接,天堑变通途,一切如此静美。偶有一丝鸟鸣,或树叶的萧萧声。此情此景,如诗如画,万物之静美,感受不到时间的流逝。

把手浸泡在长江水中,柔和的水流拍打着手,像极了人的脉搏，规则地律动。滚滚长江自唐古拉山脉，一泻千里，奔涌而下，滋养中华文明数千载，见证数代王朝兴衰。长江之水浇灌出华夏沃土，孕育出泱泱大国。

自古以来，长江默默地见证人们的苦与乐、悲与欢、笑与泪。历来又有多少文人墨客千言万语无法倾诉，只能看着江水东流，心中惆怅——注入长江水，留下无数情思供后人品味。

"滚滚长江东逝水，浪花淘尽英雄。"让我们置身于当年浓烟滚滚、旌旗纷飞、杀声震天的场面中。可歌可泣的历史，赋予长江雄浑，演绎一曲曲英雄颂歌。当年曹操"破荆州，下江陵，顺长江而东，舳舻千里，旌旗蔽空"。一代枭雄被周瑜所困，八十万曹军灰飞烟灭；前秦的苻坚豪言用军士的马鞭投入长江，可以使之断流，第二年却在淝水被晋军大败。

东坡云："逝者如斯，而未尝往也。"历史的风云变幻从未让长江水改变，它依然平静地向东流去。我的心，也跟随它走向壮丽山川，奔赴阳光与未来。

指导教师：冯　菲

南开十二时辰

◎彭垣齐

自古有校,名曰南开,一八年起,分有两江。校域广大,美誉四方,为何其美?其由如下:

好一个南开两江,幸福温暖如家乡,老师皆名扬八荒,学生均活泼飞扬,齐聚于四面八方。天有云飘尘落,路有师生踏过,泥土湿润软糯,青松站立交错。早晨书声琅琅,傍晚乖巧有章,劳动勤奋如常,运动汗洒球场。只见那学生:男生仪表堂堂,健步如飞;女生豆蔻年华,聪明伶俐;课堂发言神采飞扬,交流答辩落落大方。时刻牢记:面必净,发必理,衣必整,纽必结。好一个南开人!只看那教师:雄姿英发,亭亭玉立,举止谈吐,文明雅观,教学独特,幽默风趣,授之爱国思想,传之高德品质,关爱学生,有智亦有情,好一个南开魂!只望那校园佳景:映月、紫气、硕果……数不胜数,美不胜收,"白雪"嬉戏,"馒头"做伴,蝴蝶环绕,黄莺啼唱。好一个南开景!好一个两江情!

清晨,日光正绞尽脑汁地撕开那无尽的黑色,昏暗还在用仅存的最后一丝力量与天空挣扎,试图抑制那耀眼而迷人的、奄奄一息的光亮。我就是在这个时辰醒来。尽管睡意蒙眬,但我还是抖出十二分精神,来到教学楼,用洪亮的早读声唤来最耀眼的日出,预备着一天的学习。

食堂"最香饭菜"的称号也不是浪得虚名的。同学们最期待就是午时,饥肠辘辘地冲向七、八号食堂,寻找最心仪的套餐,大饱口福。红烧牛肉烩面,香气四散,令人垂涎三尺;咖喱鸡套餐,黄的酱汁一点点淋在米饭上,还冒着热气,闻一口就能沉醉其中。大快朵颐后,在这最轻松的时辰,最舒服的莫过于伸展在草坪上,一边看书一边品尝咖啡。喝完后在床上静静地躺一个小时,在心里哼哼小曲,最悠闲的午间时光便过去了。

下午时分,度过了有趣的社团时间。在这之后,我最喜欢的,便是来到传鉴图书馆。在李白"天生我材必有用,千金散尽还复来"的豪迈气概,莎士比亚"生存与死亡"的艰难抉择中度过这充实的时辰。图书馆宽敞明亮,只有亲身走进去,才能体会到"衣带渐宽终不悔,为伊消得人憔悴"这种读书境界,感受人世间的沧海一粟。图书馆太大了!书籍应有尽有。每当下雨天,我来到这儿选一本合适的书,坐在窗边,望着银杏,盯着窗上摇摇欲坠的雨珠,我不管心情有多浮躁,都会沉静下来。我想这便是"停步坐爱图书馆"了。

自习结束，虫鸣蛙叫，温习一天学过的知识，结束这美妙的十二时辰。

南开十二时辰，每个时辰都有每个时辰的乐趣，不入此地，焉能悟此情？

指导教师：甄宏飞

人 间 烟 火

◎王子叶

岁岁常欢愉，年年皆胜意。

——题记

重庆，腊月三十晚，奔赴一场盛大的繁华。

奋力挤到人群之前，我清晰地看见烟花一次次升空，流光溢彩，迸发出零零散散的星火，拖着熠熠生辉的光亮，散入人间，如诗如画。似菊，花瓣细长而妖娆，尽情绽放稍纵即逝的美好。

像黑夜中的北极星带来希望，像冬日中的暖阳带来光明。像太阳一般耀眼夺目，像月亮一般皎洁无瑕。

是烟花，许久未见的。

所有人的眼中都映出了闪亮的光芒，好像生怕它走得太快，情不自禁、目不转睛，不觉中闭上了嘴，心中荡漾着美好，因而整个世界都只剩下了烟花绽放的声音。所有的美好都在这一刻定格。

"东风夜放花千树，更吹落，星如雨。" 烟花是散落在人间的记忆。

印象中上次看烟花还是在八年前的老家，一个小县城。当时的我还小，被抱起来靠在窗台上看烟花。只记得夜空中火星乱溅，五彩缤纷。楼下欢呼声、笑声不断，年幼的我也"咯咯"地笑了起来，拍起手，舞了起来。焰火照亮了整个夜空，也照亮了我的童年。

那也许是最美的烟花，它带着童年昂贵的纯真与幻想。幼时的无知，也将烟花的美丽误以为极致的奇迹。

辞暮尔尔，烟火年年。2022年的倒计时已然敲响，在这一年，我们遇到的无数困难也终将过去。没有一个冬天不会逾越，没有一个春天不会到来。"追风赶月莫停留，平芜尽处是春山。"烟花燃放得绚烂，积压的所有美好在人们眼中盛开……

"五，四，三，二，一！"

"2023，你好！"

不知谁带头喊了一句新年快乐。就像炸开了锅，大家声嘶力竭地喊着，既是和去年所有的不顺心告别，更是为新的一年的到来而喝彩。

新年伊始，平安喜乐。我在心中祈祷着，泪水也随之划过脸颊。

烟花更绚烂了。如那热情的火焰，用尽所有气力，也要拼命燃烧。整个天空都被染成了血红色，弥漫着浅红的烟雾。

是烟花，许久未见了吧。

闹腾起来了。满天的烟花如同饮了美酒一般，不醉不休、尽兴而为,明亮着整个重庆……

"火树银花合,星桥铁锁开。"这是一场过去与未来的邂逅,人间烟火。

指导教师:梁　佳

我和我的家乡

◎彭鱼绚

我的家乡是中国四大火炉之一的重庆。这是一个充满了火热与激情的地方，每年，这里都会迎来许许多多的游客。这些游客有的是因风景而来，但更多的是因为美食。也许是气候的原因，重庆的美食都是火辣辣的，其中代表性食物有：麻辣小面、火锅、烧烤以及冒菜等，这些美食虽不是用高端的食材以及高级的方法制成的，但正因如此，它们才多了一份人间烟火气。随处可见，价格便宜，其中，火锅更是深得广大人民群众的喜爱。

火锅，古称"古董羹"，因食物投入沸水时发出的"咕咚"声而得名，是中国独创的美食之一。史书记载始于东汉，在中国已有1900多年的历史了。我听老一辈人说火锅的发源地正是我们川渝地区，相传是在河边拉船的纤夫发明的，他们把当时大家丢弃的家畜内脏洗干净煮成一大锅，热气腾腾的，只要吃了就会变得精神充足并且可以驱赶寒冷。发展至今，火锅也有了不同的吃法并加入了许许多多新鲜的食材，逐渐有了它自己独特的口感和味道。

我也是一个火锅爱好者，为了更快更好地吃火锅，我绘制了一张巨大的重庆火锅美食地图，每逢周末和节假日，只要有时间，我都会携带地图，怂恿父母去某火锅店尝鲜，再将我对此店的感受和食客对它的评价一一补充到这张地图上。

我的手绘地图上用一颗红色的五星醒目地标识着一家火锅店，那是我心中的第一名，这家火锅有着"天下第一锅"的美誉，清一色锅底备受推崇。外圈是热辣的红汤，内圈是各种菌菇熬制的清汤。这家店有上好的食材，厚薄一致的毛肚，肥瘦相间的牛肉，饱满光滑的香菜丸子，沾满水珠的青菜，整齐码放的金针菇……它们都在等待汤底完全沸腾。汤底盛放在黄铜色的锅中，由于加热的原因，发出"嘭嘭嘭"的声音，似乎在向食用者叫嚣着。汤底沸腾了，红彤彤的汤猛烈地翻滚着，暗红的辣椒在汤中急躁地翻动着。那蒸腾的热气、翻滚的汤汁、摄魂的香气没有一个不刺激着你的味蕾。

我在地图上用各种颜色的小圆圈分别代表着重庆每一家有名的火锅连锁店：海底捞火锅，他家的酱料丰富，手工面独特；秦妈火锅，老牌子，浓香袭人，让人胃口大增；巴将军火锅，麻辣适度，油而不腻，唇齿留香；重庆嘉陵江码头老火锅，采用传统手法熬制，锅底飘香，营养价值高；小天鹅火锅，极具时代气息和巴渝文化特征，开创了火锅的新纪元……这些火锅店的生意好极了。走进火锅店，满眼都是红与黄的组合，耳朵则是被嗡嗡的说话声包围着。迅速找到一张空桌坐下，在菜单上勾下想要的食物，交给服务员。不一会儿，桌上挤满了各式食材。麻辣的牛肉，丝滑的金针菇，有嚼劲的年糕、酥脆的藕片，再配上几瓶可乐，那可真是惬意！如果要问孩子们最喜欢的火锅食材是什么？我相信他们一定会异口同声地回答：午餐肉。午餐肉虽然非常普通，但它不仅味道鲜美，关键还非常下饭，的确是孩子们的最爱。还有一种名为"撒尿牛丸"的食材，这是我每次吃火锅必点的一道菜，本人认为撒尿牛丸只有在红汤中煮的时候，才能彰显出它全部的美味。入口的一瞬间，一股牛肉特有的香气会填满你的口腔，轻轻一咬，齿间破开牛肉继续向内深入时，会有一种香甜柔软的触感，再然后，一股因香辣的火锅底料浸泡而变得滚烫的汁液会瞬间在你的嘴中绽放出来，只是一口，这味道便会让你终生难忘。正如严辰吟的一句诗：熊熊烈火烧出天下美味，滚滚沸水煮尽人间佳肴。

  我的地图上还有些奇奇怪怪的标记，可能只有我自己能看懂，告诉你吧，那是我找到的重庆有特色的火锅。比如重庆南山上的火锅一条街，巴倒烫火锅、鲜龙井火锅、枇杷园火锅、金桂苑火锅、猪圈火锅……每家火锅从室内走到了室外，依山而建，层层盘旋而上，每一张桌子安放在枇杷树下，或是植物丛中，与自然和谐相处，吃起火锅天高地阔的，特别有感觉。再比如滨江路上的火锅，南滨路有绝美夜景的天台老火锅，旁边就是长江，江景一览无余。北滨路的老道江湖火锅，一进店门，便看到盖碗茶、仿古砖墙、方桌长凳，老重庆巨型的十七城门壁画，让人更能感受到老重庆城的味道。还有磁器口古镇的龙隐码头老火锅，旅游网红景点洪崖洞的两江宴火锅都非常有特色。

我用一张火锅美食地图寻找着我的家乡，感受着我的家乡。我希望有一天有更多的人能凭借着我的地图认识我的家乡。

指导教师：曾丹琳

沙南街一号（歌词）

◎黄雨篱

五点的冬日时光天桥上的晚霞
拥堵的沙南街最美的一号
再过两天歌乐山上就要下雪了
八班外面的阳台就能看到

东北大汉的包子还是山东杂粮饼
是简单的时光中最复杂的问题
如今我看着他们在校门口逗留的背影
排成一排哩哥子，不怕被抓的情侣
你说时间是伤人的，时间是伤人的
我想你也没说错吧
毕竟过了多久，就已经很难证明
我们那几年呢
你说世界是伤人的，世界是伤人的
我想我现在也懂了
好像只有操场中间那个圈圈

才能保护我
让未来别来呢

在小操场的黄葛树下做过黄粱梦
想象中的未来和现在大有不同
在津南村的巷子里我也曾经吻过那个姑娘
有时散步的时候还会路过那地方

不曾分离,不曾分离
我想有些事情我永远得不到解答
失败的阿鲁巴和抱回家的那捧花
算了吧!把所有回忆都扔进桃李湖吧
发射基地都装得下,我这些故事算什么呢
你说时间是伤人的,时间是伤人的
我想你也没说错吧
毕竟过了多久,就已经很难证明
我们那几年呢
你说世界是伤人的,世界是伤人的
我想我现在也懂了
好像只有操场中间那个圈圈
才能保护我
让未来别来呢

指导教师:何 琛

发煌无垠

引　言

在"发煌无垠"的章节中,我们追寻着南丹精神的光辉,那是一种跨越时空、照耀心灵的火种。我们仿佛触摸到了时空的脉络,见证了古今思绪的翩翩起舞,体验了自然与人文的深情对话。每一行诗句,每一篇散文,都是作者心灵的碎片,它们在这里汇聚,编织成了一个既壮阔又精致的灵魂栖息地。让我们一起透过这些文字,潜入作者们的内心深处,窥探他们对于自然、历史、人性的独到见解。

从《一剪梅·寒露》的萧瑟秋意到《蝶恋花·残夏》的繁盛夏韵,从《登峨眉》的壮丽山色到《行香子·夜思》的孤独月影,这些篇章让我们沐浴在自然的风华之中,同时也映射出作者心灵的斑斓色彩。在《观潮并序》《花泪》《两灯》的字里行间，我们可以触摸到对生命深意的哲思之光。

《七律·组诗》《组诗·十二本纪》等作品，如同历史的长卷，让我们在往昔的英雄事迹中，感受着那份对英雄主义的向往与人文的温情。《四季（藏头诗）》《奉节早夔门》，则如同一幅幅和谐共生的画卷，展现了作者对自然与人文的深切眷恋。

《赠马生》《逸一时，误一世》等励志之作，如同晨钟暮鼓，唤醒我们对人生价值的深思。《范行天下》《李太白传》等作品，则是文化传承的火炬，照亮了中华文明的深远路径。

《南山记》《山行》等奇幻之旅，带领我们穿越现实与梦境的边界，而《蒹葭》的重构，则让我们在爱情与梦想的交织中，探寻现代与古典的共鸣。《念旧时暮鼓，撞今日晨钟》在时间的回声中，唤起了我们对过去与未来的沉思。《春江花月夜联想》以其诗意的笔触，哲思的深度，让我们在春夜的温柔中，感受到生命的绚烂与深邃。

本章节的每一部作品，都是作者心灵和智慧的结晶，它们不仅仅是文字的游戏，更是思想的载体，情感的流露，灵魂的歌唱。在这里，我们可以聆听到对生命的赞歌，对自然的敬畏，对历史的沉思，以及对未来的憧憬。

愿每一位翻阅本章节的读者，都能在这片文字的海洋中找到心灵的灯塔，发现生活的瑰宝，感受智慧的力量。在这个瞬息万变的时代，让我们携手追寻那些永恒的真理与美好，共同栖息在这片精神的乐土。

一剪梅·寒露

◎李雨轩

寒露即到瑟风狂。昼暖夜凉,银瓶泻浆。赏枫品蟹煎茶香。披露带霜,唯菊芬芳。

手胫不察周遭凉。心负壮气,寒又何妨?十年窗下少年郎。无惧沧桑,造炬成阳!

指导教师:王熙蕾

蝶恋花·残夏

◎李雨轩

　　树影迢迢桂菊茂。微风正好,碧海生轻涛。北雁南飞人字飘,寂寞沙鸥冲云霄。
　　黄发垂髫逐浪笑。橙满天际,没了斜阳照。韶华逝水不回绕,少年当为惜今朝。

指导教师:王熙蕾

登 峨 眉

◎ 曾德昕

名山本静卧,古寺自闲浮。
细雪隐前路,坚冰灭归途。
鸟鸣悬崖边,猿啼山谷处。
层云罩白雾,圆日喷红瀑。

指导教师:段小军

行香子·夜思

◎邓宇龙

夜来踯躅，天地俱静。望墨夜，几绪愁情。思往念今，诸事飘零。似云中月，镜中人，雾中影。

茕茕孑立，无伴无卿。唯有那，飞蓬残萤。孰对孰错？人各有命。但风仍轻，道仍平，人仍幸。

指导教师：王术智

观潮并序
——改写周密《观潮》
◎粟泽文

余爱世之万物,因琐事,至杭州,正逢八月十五之日,月独圆,余乃至海门观潮,其之伟,至今日不能忘焉,故作此诗以感心中激荡之情。

既望每逢江水涨,吾特来此寻潮涌。
浙江辽阔万人旁,丝是无声满街巷。
初见远处银丝至,万人一视天似空。
接而但见银逾粗,两岸如湘潮满江。
天公激愤擦鼓雷,两江似爆缠空龙。
因而前辈杨诚斋,乃此提笔惊满湘。
"海涌银为郭"是已,"江横玉系腰"乃笙。
每岁此刻尹教军,百万战艟分两江。
奔腾冽冽五阵式,两伍专参偏尤荣。
忽而江面黄烟起,烟散水中尤凄凉。
万人一时皆不见,仅有"敌船"无尽穷。
吴人泅者渡江来,鲸波千丈不沾旗。

此日车塞马不转,却有万人至此瞰。

乃叹此潮不胜日,仅有吾等为其叹!

噫!此潮即过,万人凄也,乃叹日月之变迁,水军之富强,以及吾等之老矣。还可再睹几回潮?

指导教师:孙相阳

花泪（回文诗）

◎胡靖杰

花泪沉落尘纷纷，
尘纷纷起愁肠泪。
愁肠泪花无来年，
无来年兮花泪沉。

指导教师：孙相阳

两灯（回文诗）

◎吴雨繁

晚灯

摇灯吹风火灭易，
晚秋涩色孤落雁。
水山穷尽盼几许，
清风残月映灯虚。

灯晚

虚灯映月残风清，
许几盼尽穷山水。
雁落孤色涩秋晚，
易灭火风吹灯摇。

指导教师：孙相阳

奉节夔门

◎李雨隆

两山中断天门生，
疑似巨斧劈千仞。
清晨迷雾山间绕，
恰如仙境始发生。
晚霞掩映山石橙，
碧野衬得丹青柔。
戌亥时辰天色晚，
星星灯火等归人。
初遇此景叹难逢，
归去时常入梦魂。

指导教师：陈丽娜

陇山居（其一）

◎王艺锦

山墙斜柳杏花红，
白鹭徘云平野空。
误入漫山怀抱里，
月移星海自朦胧。

指导教师：苏　嘉

丑　奴　儿

◎毛浚丞

落花一池千秋碎,涧水清幽。涧水清幽,倚望山青水不休。梦乡泪萦荒丘冢,岁月悠悠。岁月悠悠,万里波涛泛孤舟。

指导教师:王术智

七 律 组 诗

◎樊海奕

刘　邦

生于亭长志四方,亡秦灭楚建汉邦。
废除奇刑制《九章》,重用孙通理朝纲。
清异姓王固皇权,抚功良将定中央。
和亲匈奴安边疆,汉朝始祖唯刘邦。

刘　盈

奉行黄老沿父绩,削减赋税除徭役。
废挟书律兴百家,扩长安城盛文化。
但怜此生甚哀伤,二十四年抑郁终。
执政七年虽短暂,奠基文景功无量!

刘　恒

励精图治创治世,发展农业富国仓。
废除肉刑显身手,击退匈奴展奇谋。

偃武修文减徭役，入粟拜爵免田租。
出使南越降赵佗，以礼相待安邻邦。

刘 启

重用晁错削藩属，平定七王赞亚夫。
三十税一创定制，不禁儒学济后世。
安抚匈奴设关市，民族贸易现繁荣。
沿袭文帝惠百姓，政治清明安中央。

刘 彻

行推恩令定诸侯，下罪己诏安民心。
罢黜百家尊儒术，收铸币权铸五株。
北击匈奴收河套，南吞百越设交趾。
千古一帝唯汉武，壮志凌云领风骚。

指导教师：梁 佳

四季(藏头诗)

◎杨宗运

新年此日逢佳节,春酒欢声满筹觥。
快事太平风味好,乐民犹记昔时耕。
炎暑驱人去复来,炎天何处避尘埃?
夏凉渐觉新秋近,日色偏于晚色开。
萧条门巷无来辙,萧索园林尽日幽。
秋意不随寒暑变,风光能使客心愁。
寒食清明一日中,冬来三白兆丰融。
腊前梅蕊开何处?月下新添雪浅红。

指导教师:郝子硕

赠马生

◎张 瑶

家徒四壁凄凉地，寒灯清苦读书人。
手自笔录千卷少，雪地送书不舍还。
百里求学侍师长，垂首问道古今事。
偶遇呵斥礼念至，谦颜从无反驳声。
奔走求学实不易，学社从师路更难。
深山巨谷东风烈，崎岖山路压地雪。
单衣薄襟难挡风，皲裂肌肤白胜雪。
负箧曳屣路漫漫，前路无尽景茫茫。
至舍方知热汤暖，梦回应忆北风寒。
日食两餐米汤稀，衣带渐宽不足惜。
同舍腰佩白玉环，缊袍敝衣亦坦然。
鸡鸣起身点晨灯，月明烛火照贫寒。
书中自有千粒粟，哪知春秋日夜苦。
燕雀岂知鸿鹄志，志存高远坚如石。
朱门酒肉不值提，自古名士出寒门。
作此一诗无他想，且望后生自图强。

指导教师：赵 静

组诗·史记十二本纪

◎黄新芮

　　《史记》乃"史家之绝唱,无韵之离骚"。五帝贤明,千年后人臣仍愿"致君尧舜上";夏禹传子,自此天下定有一主;殷商降世,甲骨青铜尚存当时余音;周礼之高,后世多少文人政客求而不得;秦得天下,不过西陲弱国却终一统;秦虽二世,大一统之河山乃传至万世;楚汉相争,乌江的楚歌是霸王哀歌,亦是新朝颂歌;高帝斩蛇,不知嗟叹功臣或仰望汉稷;吕后垂拱,不出户而天下晏然;文景之治,黔首安居乐业国家富强;汉武盛世,大汉雄风至今回响……故以此作敬之。

　　周尚礼仪,故仿七律,循对仗平仄;皆道秦律之严,故仿诗经,以四言为束;文景治世,故仿楚辞、以古体,寻自由之风。

七绝·遥忆圣贤
(十二本纪第一)

　　九州谋定自轩辕,教者颛顼天地宣。

尧舜禹皆遵禅让，顷时归启制终焉。

五律·王朝伊始

（十二本纪第二）

夏禹驯洪涛，功传万世高。
皋陶执古法，夔龙奏《萧韶》。
五帝终贤让，诸王始贡朝。
至桀亡夏稷，亦道禹德好。

五绝·玄鸟生殷

（十二本纪第三）

见网使三开，除桀复上白。
武丁中兴罢，天命已不再。

七律·礼仪之邦

（十二本纪第四）

岐山鸣凤接天命，都罢宗周定九鼎。
吕尚直钩明主遇，宫涅烽火犬戎迎。
春秋将毕家卿反，战国伊始邦渐并。
合纵七雄局已定，可怜天下属秦嬴。

念奴娇·起自西陲

（十二本纪第五）

并无侯位，护周避、平犬戎方名现。诸夏轻之，谁让那、一半春秋未见。

五霸争雄，齐桓晋宋，秦穆灭虞虢。一时称霸，后来国毋威显。

得幸徙木商君，弱秦得复强，平一之势。间敌长平，坑卌万、一夜邯郸城寂。

至此秦王，遂挥剑六合，古来从未。叹沙丘诏，只得十五年稷。

六合一统
（十二本纪第六）

六国靡靡，秦向东矣。天下之势，尚未明矣。

秦王位即，血染宫薪，阙下死人积。

六国炭炭，秦剑出矣。天下之势，尚未定矣。

秦王动兵，血祭韩子，《说难》未助已。

六国寂寂，秦业半矣。天下之势，尚未应矣。

秦王遇刺，血溅朝廷，百金赐无且。

六国一一，秦征毕矣。天下之势，尚未变矣。

秦王称帝，血气休矣，六合四海一。

定法收兵，行篆铸币。度量衡器，舆一戎寂。

诸山铭毕，五巡寻仙，沙丘终政息。

虞美人·西楚霸王
（十二本纪第七）

江东子弟轻文武，举鼎吴中睹。偶观皇帝作东巡，出言称必代秦君、岂无心。

揭竿起义名西楚，函谷逐惊鹿。楚河汉界定棋局，四方楚曲奏哀语、叹骓虞。

赤帝之子
（十二本纪第八）

梦大泽兮感龙生，试为吏兮泗水亭；
吕公相兮与其女，解纵徒兮斩白帝；
二世立兮张楚起，楚怀立兮逐关中；
子婴降兮法三章，鸿门脱兮秦宫无；
封汉王兮心未安，明栈道兮暗陈仓；
峙鸿沟兮分楚汉，胜垓下兮西楚亡；
诸侯请兮都长安，飞鸟尽兮良弓藏；
欲易储兮四皓稳，击筑歌兮还故乡；
三尺剑兮取天下，崩长乐兮号高帝。

钗头凤·垂拱而治
（十二本纪第九）

起丰沛，秦都毁，项羽将烹夫毋泪。
楚歌催，旧约非，亦将无悔，媚主戚姬。危、危、危。
钟室倍，高帝坠，始临朝制无为贵。
吕王威，刘氏微，至娥妁寐，顷刻新立。悲、悲、悲。

经纬天地

（十二本纪第十）

　　破吕兮迎代，得玺符兮即位；毋连坐兮正法，蚤建储兮立后；

　　日晦兮自省，亲率耕兮定本；废言罪兮纳谏，北地陷兮击胡；

　　孝女兮缇萦，愿为婢兮赎父；怜悲意兮废刑；

　　黄龙见兮易德，得玉杯兮改元；甚节俭兮殷富，礼义兴兮未央。

耆意大虑

（十二本纪第十一）

　　彗星出罢荧惑守，岁星逆而长星西。
　　天火燔宫七王反，晁错诛后兵未毕。
　　遣太尉等战三月，平乱祸则王位易。
　　匈奴侵燕止和亲，储君位以胶东即。
　　行幸雍郊见五帝，上庸地动坏城池。
　　日月皆食五日赤，五星逆行月贯廷。
　　文景大德安天下，惜哉明君崩甲子！
　　勉人于农率下德，危安之机以耆意。

水调歌头·威疆敌德

（十二本纪第十二）

尤敬鬼神祀，白鹿制白金。始巡郡县，其夏得鼎复封卿。诛灭偏安南越，乃遂北巡朔方，有万岁之音。立石泰山顶，年号自元鼎。

剑出鞘，指漠北，汉敌殒。易服改历，自此尚黄异于秦。海上东巡未验，天子兴祠无数，仍向永生行。方士者弥众，然效可同评。

指导教师：梁　佳

谪　仙　吟

◎曾文丁

瑶台月下，望地生霜，染满裳。
芳间暝色独彷徨。
谁方见罢、禁庭春昼，清风盈袖，叹清辉。
昔日别友黄鹤楼，长安芳华逝，宛千秋。
故里寻旧，长亭短亭，只隔近水远丘。
莫笑人瘦，狂人依旧，金樽对月，仙人自吟。
酌酒！酌酒！

指导教师：张　豪

诗词三首

◎李思锐

春 意

旧青叶上覆新绿,枝头粉花盈春意。
窗前尽览满园春,迎面清香含韵起。

蝶 恋 花

漫野花木新叶竹,微风细雨,涟漪久泛湖。春韵繁盛不胜数,青芽缀枝草探土。

大好春光心何属?尽览美景,落笔不服输?全心向学别怨苦,纵笔驰骋万卷路。

雨散雾漫

路润池泛散微雨,清风携凉阵阵起。嫩叶翠草托雨露,久盈满园碧绿息。

剔透莹珠彩瓣举,群芳又绽雅香缕。茫茫渐生浓厚雾,隔岸屋舍见几许。

凉风肆游沉霭里，几处雾稠几处稀。绵绵细雨已缥缈，但见密珠临窗倚。

不觉春雨趁夜去，未感雾气随雨离。只观滚珠从叶落，雨雾再至需何期？

指导教师：尹昱心

春　读

◎郭瑨睿

薄云掩日，初暖复寒，雾断远山几处。西汉水边，杨柳翠樱花簇。

榭廊间，粉黛婷婷伫。景正好，蜂拥玉树，微屏怎将春驻。

败叶残阳渡，铁锁孤舟缚，旧痕如故。

冷雨清风，又落嫩红簌簌。太匆匆，却把寻常误。

数十年，浮生化酒，一杯柔肠入。

指导教师：土紫欣

密室小记

◎伍钇成

甲午岁初,与诸友期行,聚于三峡广场。博弈两局,即引入室。其名为"藏室"。

其室甚暗,幸有手电四只,方能自照。亦狭,但见一驼像,跪于地中,上有一链,悬一铃铎,其中空,不知何物。壁上环兽图三幅,通以玻璃盖之,三兽凶猛,虎视,此亦同"门神"乎?有细告说:"蔽三者入。"其定有驼颈之铁移之?方思也,鑫已松其链,磁石,果移。以其蔽三兽之目,壁下一穴果陷。吾等惊曰:"妙哉!"

后数机亦无甚巧处。唯得一棺前,甚为佳。棺上有七巧板一副,拼七巧板亦何难。拼出须再开棺,吾等皆惧,竟有人前抬开,但见一尸卧于棺中,其面如蛇虺,形诡,双瞳目日,而似恨吾等盗。皆不寒而栗,避之三舍,有胆大者竟投棺中,取棺中杖二,以其入棺中孔槽。以为然否,半晌无变,然壁上忽生异气,一时灭无闻,扬沙石,吾等皆魄散,肝胆俱裂,安敢上前?待气散,方前察之,此杖必虚!乃杖捣棺,则一密码机,吾窃喜:量此密码,深所钟破。如壁画,破之,关开,其间果有杖二，此真杖也！以其入槽中，并无怪声，但转瞬间，门开。

归去。众皆心有余悸，亦以乐，不负此行。

指导教师：孙相阳

小　鸭

◎周心诺

乳鸭，绒羽黄细，如丝如云。爪或红或橘，有蹼，常嬉于湖河之间。其喙，色与爪等矣；形扁小，其鸣自浼。

步蹒跚，小眼有神，其态萌也，吾甚好之。

指导教师：陈丽娜

范行天下

——为范仲淹赋

◎王一诺

时阑临渊，风雨如晦，山河不晏，岳巅将崩。

堙圮樯颓，王师不见，狄戎踏疆，燕云灯灭。

至若范仲淹出豳州，立济兼苍民之志，怀经天纬地之才，报河清人寿之愿。

文浩然以正道，戍西北以悍疆。

谪五州不改其志，忧天下而忘己，不为张俭逃亡，不仿杨震仰药。

政中有一范，奸邪心尽寒；军中有一范，西贼惊破胆。

谦谦兮如清风皓月，玉树临风之姿；

朗朗兮似碧虚经川，泽润八荒之义；

威威兮若白虹贯日，不可一世之恣；

雄雄兮宛红日初曜，九州表华之功；

凛凛兮犹磊磊孤松，傲然沧渊之气。

仁义一生，俯仰皇天后土，不负家国天下，留名千秋万世。

九州已同，山河依旧，河清海晏如君愿。

荏苒不改我华夏灯火万家，如梦如泽裔裔皇皇；

跌宕不改我华夏风雅无双,如岚如涟沉沉琼琼。
纵有千古,横有八荒,曦出东方,华夏未央。

指导教师:佘小涵

南　山　记

◎ 刘译阳

  是岁十月，恰值国庆佳节。云虹月霁，云润风清，白云拂天，紫霞垂地。笙歌并发，清乐樛流，隐隐青山，悠悠绿水。乃欣然起行，放马于浦之皋，流眄乎南山之水。踏万水之凋零，凌朝云之嗳碳。仰入霞之牙峰，俯浩渺之云海。信马悠悠，饮于石泉，垂杨蔼蔼，徘徊鹤径。见穷谷空山，激湍飞瀑，离合卿云，空蒙蒙云。乐山景之菲微，遂留恋兮难舍。

  霭尽峦出，便得一人。长身危坐，洗耳谛听。着荷制之衣，摇朱雀羽扇，漫抚鹤珍，历历高山之调；舌灿莲花，朗朗明月之诗。紫气东来，浑然相和。流光万仞，韵播百里。余乃唏嘘怅望："蒙蒙寰宇之间，安生斯人也！"负手向阳而立，叹声不绝于耳。

  其人蓦乎惊起，耸身长立；双鬓入云，皓发拂地。林峦动摇，雾霭四聚。及至遘见，大笑而喜，曰："不期林间竟有此人光顾。"邀我入云。乃飘拂自举，步凌紫虚；浩浩渺渺，登临无地。扈冷露兮月华，沾青云兮曦月。搴皓气以为氅，览微岚以为衣。其人忽笑曰："已至太虚。"一语未了，余音不绝如缕。

　　漫漫云气，訇然中开。未有乌云，天何瞑瞑？白露既降，紫芝不复。引而径入，遥见雕梁画栋，空格剔红，隐乎靉靆之间。大喜而乐。有孤鹏振翅而来，引颈长唳，声传九天，乃请乎其人曰："是处楼宇非凡，大非尘俗景象。而彼大鹏者，不过凡鸟一也。有何德何能，竟翔宇得至斯境！"其人闻言，遽然色变，弃余手厉声曰："君之见乃鄙俗至斯耶！鹏击三千里，抟扶摇羊角而上者九万里，料尔俗人，又何能知。小知不及大知，小年不及大年。君与余非同道也，不相为谋，请速回。"拂袖而起，骤乎不知所向。余乃缥缈御风，遂还林间。时夕阳在山，黑雾四合，已不复来时路径。

指导教师：刘　樱

山　行

◎季小轶

　　水湛蓝，上下空明。去城而去，于乡而行。山高水阔，云淡风轻。叶生树长，万物皆春。

　　吾欲戏于水，恐扰水之静；吾欲戏于林，恐扰林之宁；吾欲归路，恐坏道之平；吾欲歌于院，恐乱院之和。思之，吾以登山而望，而不扰春之胜。

　　昨夜天雨，泥淖间道，路何难行！但见细泥，湮于干土，不于石路，使路滑矣。登山者须慎行，踏实而登之，扶树而剌之，眼观优路而选之。吾谨行，慎而往，行之甚迟也。

　　时当午后，日悬于顶，吾觉甚热，遂止路于十草丛。古人云："一鼓作气，再而衰，三而竭。"吾思之，遂行，终至山顶。登高而望，人非高也，而望远也。天何朗，云何淡，木何绿，水何湛，幸甚至哉！径如蛇，盘于腰；树如冠，盖于顶；草如席，铺于径；水如带，飘于山。风轻而拂于吾面，顿生欢，神清气爽，此乃山顶之妙也！

　　下山之路，尤为险峻。吾尝登于华山，未见此峭之路；吾尝登于黄山，未见此泥之路；吾尝登于城阙，未见此狭之路；

吾尝登长城，未见此亘之路。吾生一计，投路干草，行至菜畦，觅干土而行。古人云："聪明反被聪明误。"吾正行中，踬于一凸之石，泥遂满吾身。此何狼狈也！

返至院中，见环院皆山也。此形谓之"陵"，故多山也。吾欲复登，而时不待，已至黄昏。乃返城，再觅时登。

指导教师：孙相阳

逸一时，误一世

◎计宇轩

学非易事，业需精勤。三更纸笔交错，夜半灯火通明。桌前峰立，实乃课本笔记；屋中楼起，却是试卷习题。奋笔疾书，求一笔破万卷；励精致性，定一心为学习。几何代数，稿纸上纵横思绪；阅读作文，字里行间满是辛勤。

学诚难矣，然好学者犹存。好学者乐之于学，故其常学，学且勤谨。是以天纵异秉者好学可成国之大器；天纵庶者好学可精学业，日后易因其知为献；愚者好学可擢己而不复愚，此乃便终生之事。况学乃才思之源，立基之本；亦能静心养性，增益其能，是为君子之路也。故好学者虽苦一时，然学成则利一世。

今世人多有恶学者，好戏游而不重学。恶学者所学必不勤，亦不能精习为题，终日好逸恶劳。彼诚于好学者益逸也，然不勤无以精学，日后不能因其知为献，废其学路也。夫欲成事立身，学非唯一径也，然其最为逸径也。而其人好逸恶劳，是必险躁多欲，淫慢骄奢。"侈，恶之大也。"故恶学者虽逸一时，然学不成则误一世。

概言之，苦一时，利一世；逸一时，误一世。夫利一世者，此诚乃学之用矣。

指导教师：梁 佳

弥雾山唐僧逢怪　离恨天大圣遇兄

（《西游记》改写）

◎夏千皓

却说那唐僧师徒离了五庄观，观中镇元子却才回过头来，向着身后明月、清风二童子骂道："多是汝二人嘴贪，见唐长老不食人参果，何不送与他那三个徒弟？他们也尽都是客，不将仙果给予他人，自先食了，搅动他们三个馋虫，闹出此等事来。虽是结识得一个兄弟，汝二人却终是有罪，何当受罚。"当下便唤庄中小仙将二童绑了，一人十鞭。打得那二童只是叫苦，心生恶念，对唐僧师徒怀恨在心。

忽一日，二童听得镇元子受太上老君之邀，上离恨天兜率宫听宣"金炉道果"，只留他二人看庄。二童趁镇元子走后，拿了金击子并镇元子宝物乾坤衣。那乾坤衣可不一般，镇元子使"袖里乾坤"用的便是此衣。那金击子亦可随心变化，乃是老君修成之器。二人赶上唐僧几千里，变化成妖魔，只几日，招得山精树怪七百余名，寻取经路上一山唤作"弥雾山"，寻山上一洞换作"弥雾洞"，专等取经僧。不在话下。

却说那唐僧师徒正行之间，早见一座高山。三藏道："徒弟，前面有山甚是险峻，恐又遇什么妖魔，大家须仔细仔细。"行者道："师父放心，老孙在此，凭他什么妖魔鬼怪，近不得你身。"正走间，直至那山脚下，但见那：峰峦叠嶂，溪涧弯环。虎豹成阵，羊鹿成群。无数狐獐钻簇簇，满山鼠兔聚丛丛。蛇蟒盘缠长千尺，孤峰险峻万丈高。道旁漫荆棘，岭上秀松楠。

那长老正马上心惊，孙大圣使出手段喝的一声，吓退那满山虎豹狼虫。转过头来，只见道旁有一石碑，上书"弥雾岭雾弥五百里，行人道人行十里迷"。

四人正读间，只见半山云雾间闪出两个妖魔，端的生得好生凶恶，只见：目似血盆，眼若金铃。双双齐戴玄铁盔，对对足踏黑云鞋。一个手拿赤金棒，一个身穿皂罗袍。声如巨雷，速若驰电。心狭只为截僧，量窄单报私仇。

行者见了，从耳内掂出花针，晃一晃便有碗来粗细，纵云直上，向着那两怪劈来。一怪手挈赤金棒，来迎行者，这一场好杀。两条棒，不一样，说起来有来历：一条镇元身上宝，一条龙王海中藏。都有随心变化功，今番相遇争强壮。棒来棒迎，棒去棒挡。这个手头不松，那个手上难让。搅得满山云雾乱，闹得无数虎豹窜。这个只为护本师，那个只为报私仇。

看他两个斗经五十回合，行者渐渐手被震麻。他正自心惊，忽地头魔赶上唐僧"唰"地把袖一抖，使出镇元子的"袖里乾坤"，把个唐僧、八戒、沙僧并马匹行李，尽皆收去。行者愈加心惊，心中想想："不好，如今遭他分瓣梅花计了。"正害怕间，那二魔金棒放光，劈天砍来，行者无心战斗，只得把棒一迎，忽觉手中一沉，随后又轻，待看时，却见棒已断折。可怜那龙王的定海针，悟空的如意棒，如今断为两截。悟空正自大叫："苦也！"却被那头魔把袖一晃，收了去，带回洞内。

话说那悟空与唐僧、八戒、沙僧、马匹行李会合后，止不住泪流满面，对着唐僧只是跪下，纳头便拜，"弟子无用，连兵器也折了，怎的是好！怎的是好！如何去得西天，有何面目见诸神？痛哉！苦哉！"八戒却也泪下，捶胸顿足，使耙向袖壁上尽力杵去，却无半点痕迹。沙僧上前苦劝道："二师兄莫慌，先莫悲伤，等妖怪回了洞，且看他们要做甚。"八戒搓着鼻，哼哼唧唧地道："待到那妖回洞，我们却不都完了！任他怎的蒸，怎的煮，定是死了。"随即更加痛声号泣，又道，"浑家，奈何我不曾娶你，却只能与高老养终身了，早些知，我便不来取经了！"悟空听了，转悲为怒，扯着八戒便道："好你个呆子，原来涕下只为思高老之女，丝毫不为师父悲泣、不为取经之事着想，如今我打死你个夯猪。"说罢上前便打。那长老自在行李旁唉声叹气，泪如泉涌，悟空见了心中又悲，自长叹曰："我也曾花果山前为帅首，水帘洞里聚群妖。玉皇大帝传宣诏，封我齐天极品高，几番显法闹灵霄，数次曾偷王母桃。十万天兵来降我，层层密密布枪刀。战退天兵归上界，哪吒亦是负痛逃。谁知今日遇此难，如此法深手段高！"

叹罢，四人皆被拿出，绑于柱上，悟空再看时，却只见曾在五庄观上遇见的清风、明月二仙童，一个手拿金击子，一个身披镇元子的皂罗袍，悟空冲着他们，大声喝道："你们两个童子，为何私出五庄观，在此处为妖害人！"清风道："都因汝等嘴馋，偷我庄上仙果，毁我庄上树木，害得我二人遭师严罚，故此来寻汝等'耍耍'尔。"遂与明月一齐入房去了。悟空暗喜道："如此说来，只用寻着吾兄镇元子便可了此事。"遂拔一把毫毛，嚼碎了一口喷出，变成睡虫儿，一个个钻入各看守小妖的鼻孔，拔一毫毛变作原身，自变为蟭蟟虫儿，正欲钻出门去，又想："何不将师父解下，一齐出去？不好，此处小妖众多，恐惊了妖魔。"于是自己嗡嗡地飞出，一个筋斗直至五庄观，见观中并无一人，寻思道："如今我无兵器，不若先去兜率宫找老君一趟，求他修修兵器。"

又一个筋斗，直至那三十三重天阙离恨天兜率宫外，只听里边谈笑之声渐大，忽地门一开，只见三清与众仙一起走出——原是道课讲罢，悟空即刻找到老君，唱个大喏道："老官儿，可否烦你一事儿？"老君遂别了灵宝天尊与原始天尊，笑道："这泼猴如今又有甚事烦我？"悟空道："我的兵器折了，可否修修。"老君道："你那棒子如何折了，与我看看。"悟空拿出递予老君，老君笑道："似此不难，我自帮你冶炼。"遂与悟空走入丹房，将棒放入炼丹炉里，正自炼着，忽听身后一人叫道："兄弟何故前来此处？"将身一看，原是镇元子与诸神。悟空大喜，遂将清风、明月二人之事说了，镇元子皱眉叹道："只怪我未提防，那金击子亦老君修成之器，后赠与我，那兵器比你的棒坚硬，乃是一块乌金打造，修炼八十一天而成。只因你那兵器乃一块乌块，所以经不得此宝之击也。那'乾坤衣'我有两件，如今穿了一件，庄观中放了一件，想是被那厮拿去了。此衣乃吾施之以法才有此等神通，消了法，自无用地。"悟空遂等老君冶好兵器，谢了他，同镇元子一齐到弥雾洞前，叫开大门。里面二童子正睡，忽听得行者之声，见行者依旧绑于桩上，不知何处呼唤，把门开了，只见行者与镇元子站于门外，正自心惊，镇元子消了明月身上衣服咒语，将手一指，金击子自回手中。悟空见了，暗自佩服。那二童子跪地再三拜下，镇元子才将他们用玉麈卷住，使他们向师徒四众赔礼，径回观上听罪。不在话下。

却说行者自与唐僧并师弟解去绳索，急寻小妖时，却只见四周空无一人，原来小妖见大王被抓，尽皆逃命去矣。可怜兴旺几日，又作鸟兽散。师徒四人自在洞中寻些伙食，吃了上路。

毕竟不知后事如何，又遇什么妖魔，且听下回分解。

指导教师：孙相阳

李太白传

◎伍胤丞

　　太白，大唐之酒仙也，其祖籍已不可考，或于西域。

　　白年方五岁，随父移居蜀中江油。日可见峨眉之巅，夜可闻岷江之水，饮山泉，食山野。自小天赋异禀，作赋吟诗，人皆赞之。

　　年逾弱冠，因家父从商有余财，出蜀川，至中原。

　　初至中原，小有名气，由于其诗风清新浪漫，身处鱼龙混杂之世却仍不改其率直。似青莲出于淤泥而不染，豪放自然，得名"诗仙"太白，才华横溢，妙笔生花，每每饮酒，作诗便无所忌言。才过曹植，因又得名"酒仙"太白，果乃世间少有之才，国人皆道太白之才华，闻之于玄宗，玄宗令人请之于太白，为翰林学士。彼时太白年富力强，为杨贵妃吟诗，为唐玄宗作赋，却终日不得参政事。玄宗渐昏庸，不理朝政，奸臣当道。白欲用一己之力治国，却被玄宗赐金放还，"抽刀断水水更流，举杯消愁愁更愁"，太白之无奈，非常人可解。

　　白自长安而始，向东而行，至东都洛阳，此时太白年值青壮，又遇青年天才子美，尽日题诗作赋，谈尽天下大小宏图之事，遂交为友，不亦乐乎，期梁宋而求仙道，人皆赞二人才华横溢，情谊深厚，乃当今天下奇也。逝者如河水，不舍昼夜，正值仲秋，二人如期至梁宋之地，寻仙道，却遇同时诗赋大家高适，三者情投意合，畅游甚欢，纵谈大事，皆忧国家之命运，每每饮酒便无所节制，愈饮愈狂，常作好词佳赋，切磋文艺，其生活之悠闲比七贤有过之而无不及。

别了二人，太白东进不提，行至齐鲁之地，入了道家。遂为一道人，南下金陵，登凤凰高台，览尽金陵胜景，不由得诗兴大发，遂作《登金陵凤凰台》。

李白果乃性情中人，朝喜极，拍掌称绝；暮又伤，跺脚说愁，也便塑造出太白飘逸之诗风，尽皆如此，家国大事却也常挂于心。"总为浮云能蔽日，长安不见使人愁"，性情中人之愁多不过三日，太白之愁可及一生。

岁月蹉跎逾十年，此时正值"安史之乱"，玄宗隐于蜀，太白报国无门，又是花甲垂暮，无奈之下，入幕永王。永王不识时局，兵败，太白被诛罪，长流夜郎之群野。

肃宗收复天下，逢大旱灾年，赦天下，白得令而返，喜极而泣。乘舟复返中原于白帝城一带赋"两岸猿声啼不住，轻舟已过万重山"佳句。

人逢喜事精神爽，太白笑归中原。未得赏识，复游金陵，生活之潦倒，或可比相如之所。

无奈，投与李阳冰。上元三年，太白，大唐之诗仙，盛世之酒狂，驾鹤西去不返。

太白之逝，或云病逝，或云醉亡，其切因无处可寻。民间一说，虽未得考证，却颇有太白之风。话说，太白投阳冰，终日郁郁寡欢，一日与友乘舟江上，借酒说愁，顽性大发，忽见江上有一明月，晶莹剔透，甚是好看，遂跳水捉月，再未上船。若真相如此，太白果乃浪漫潇洒之仙也。

噫！太白者，大唐之仙也！唤作"谪仙人"，世称"酒中仙"，文坛尊为"诗仙"，实乃一仙。盛唐之气造太白，太白之仙成就盛唐邪！

指导教师：孙相阳

因雪想辛公

◎邱琪媛

"醉里不知谁是我,非月非云非鹤。"

辛公,你也找不准。酒精给你的大脑注进夹着风雪的迷雾,你记不起过去,漫天雪粒只时不时刺激你疲倦昏沉的神经,又让你匆匆地想到什么。

辛公,你听啊,竹林风萧萧。"想当年,金戈铁马,气吞万里如虎""燕兵夜娖银胡䩮,汉箭朝飞金仆姑",长剑横划出一道凶悍的月弧,短刀竖直,下劈又断成两截。蛮夷直接朝年轻男子的后背挥出弯刀,刀锋砍进背肌,还未继续向下斩断骨头,剑已自肋下挥出,重重砸在他的腰背。辛公,你年少总贪恋着搏斗后的没有血气的那一阵猎猎西风——它吹拂于胜者的脸庞。你不愧为少年英杰,铮铮将门后代。

你生于金兵侵占之地却对宋九死不悔。你率五十简兵便直破万人大营擒叛贼取首级的事迹,早已慑住远处歌舞升平的南宋。你的未来该是怎样的光耀热烈才配得上你卓越的才能、稀宝似的天赋?可你"归正人"的名号将你的山光染上了黑墨。朝廷不信你,高宗无心于复兴,金兵对南宋胸有成竹。轻狂的少年志气无处可施，热辣辣的复兴只有嘴上的承诺。

你这块遒劲蓬勃的木材，即使离了匠人也不会失去原有的贵气。你辗转政海，造福于民，在贫瘠荒凉的雪原上仍能轰起火光。"高卧石龙呼不起，微风不动天如醉。"

白云苍狗，你那颗矢志不渝的从不安稳的心叫嚣不停，你渴望收复失地，渴望被重用，渴望为民安天下。朝廷醉生梦死，腐朽懦弱，一介手无缚鸡之力的穷困书生竟妄图与富有骄横的粗鲁武夫和平相处，还毫无底线地让步讨好。你沥尽心血撕心裂肺想唤醒装睡的人，美芹十论一封接一封，可是辛公，装睡的人你又怎可能唤得醒？

"平生塞北江南，归来华发苍颜""把栏杆拍遍，无人会，登临意"，辛公，你好像被硬生生折断了翅翼。在云谲波诡中的昏昏朝代，大鸟不可能自在地飞翔。

我在你的墓前，站了许久。北方的雪下得猛烈，不一会儿就将人濡湿。雪水蜿蜒浸润着墓碑，碑上朱砂点过的名字与雪水相撞甚至让人听到一连串清脆的碰撞声。大雪漫天，折射出你墓前竹林青郁的光，像雪地中一条奇异的河水。

辛公，你在时代的骤雪下，会想些什么？

我只知道，山光几许，你一直是那个策马的少年郎。"赤手领五十骑，缚取于五万众中，如挟狡兔"，你殢酒带愁，故作洒脱，只是不愿见少年青丝变白发，万里江河仍带血。你没有甘于命运，你平淡的回忆藏着要溢出的挣扎与渴望。

大雪下啊下，仿佛没有尽歇。

我看见，大雪下，有儿郎作不复返之箭奔向敌人，"壮岁旌旗拥万夫，锦襜突骑渡江初"；我看见，沉默中，有老者蓦地睁眼，涕泗横流高声大笑，"元嘉草草，封狼居胥"，"廉颇老矣，尚能饭否"？

"此儿，名弃疾。"

辛公，雪停了。看这大宋，中原北定。

指导教师：李英杰

屈　子

◎邱琪媛

　　公元前339年，屈原于寅年正月降生，屈父见他出生时气度非凡，便给他起名叫作正则，取字灵均。他是战国时期楚国的贵族，少年时受过良好的教育，"博闻强志，明于治乱，娴于辞令"。

　　"纷吾既有此内美兮，又重之以修能。扈江离与辟芷兮，纫秋兰以为佩。"他披戴着江离和幽香的白芷，缀结秋兰作为腰间的配饰，芳菲满身，他是楚国最绚丽如花、意气风发的少年郎。

　　他驾龙遣凤，命月神望舒车前开路，使风伯飞廉跟随车后，他披着满身的轻狂少年气，势要在朝堂之中，大展宏图抱负。

　　楚怀王识他用他。《史记·屈原贾生列传》中有云："入则与王图议事，以出号令；出则接遇宾客，应对诸侯。"他是楚国举足轻重的政治要员。

　　他对内推行美政，笃信圣君贤相。

　　他殷鉴不远，于《楚辞·离骚》中高诵夏启因得《九辩》

《九歌》耽于歌舞享乐，不思先贤立国艰难，亦不为后世子孙图谋打算，最终导致五位王公起内讧。后羿、寒浞、过浇、夏桀、殷纣王等君王皆因行事违背正道公理而无好的结局。而与之恰恰相反，大禹恭敬上神，施行仁政从未出过差错，他举贤任能，按规矩原则办事从不失偏颇，所以最后得到了九州天下。

他是多么希望怀王也能成为这样的君王啊，然而世事总不能如意。楚怀王不是圣明之主，贪图小利，不能明辨是非。朝野之上结党营私之徒横行，为首的上官大夫及怀王宠妃郑袖更是屡进谗言。他被疏远，被忽视，只因他屈原，不结政党，只做清白的孤臣与忠臣。

"岂余身之惮殃兮，恐皇舆之败绩。"他是因为怕灾祸殃及自身吗？不！他向怀王进言时从未考虑过自身安危。从始至终，他都只是为君主、为楚国担忧啊！

"忽奔走以先后兮，及前王之踵武。"然而"荃不查余之中情兮，反信谗而齌怒"，怀王早已被宵小之辈的谗言所蒙蔽。

屈子他，是不知道正道直行会遭君王厌弃惨遭灾祸吗？不，他知道，他比谁都清楚，在满池污浊之中，坚持清白原则该有多艰难，多辛苦。即便是明白，他也要去做，怀揣满腔撞了南墙也不回头的孤勇。他是忠臣啊，"众女嫉余之蛾眉兮，谣诼谓余以善淫"，他被陷害了啊。

他不明白，怀王以前还接纳他的谏言，合六国之力抗秦。与自己约定好一起使楚地国富民强的，却为何走了一半突然改道呢？

君主朝令夕改，抛弃了屈子联合抗秦的政策，转而投向奸佞之臣的怀抱。他贪图小利，为了六百里土地便于盟国齐国断交，发觉被秦骗后又恼羞成怒，不自量力攻打秦国而惨遭大败，令楚国元气大伤。又之后，非但没能吃一堑长一智防备秦国，执意要到武关赴秦约。屈子极力劝谏却触怒怀王，被流放到荒凉的汉北之地。

女嬃满心痛彻，重重责骂屈子。

她说："现在这个世道已经污浊混乱至此了，你又为何崇尚美好而不自保呢？"

是啊，事已至此，为何还要苦苦坚持呢？

"世溷浊而不分兮，好蔽美而嫉妒。"世道混乱良莠不齐，喜欢掩蔽贤才妄加嫉妒了。家家户户都将卑贱的艾草挂满腰间，却说幽香的兰草不能做配饰，大椒也毫不芳馨。面对如此昏聩的人们，就连屈子挚爱依靠的椒兰等芳草也选择随波逐流迎合他们得以苟且偷生了，他还在苦苦坚持什么呢？

他学识渊博，满腹经纶，还有更为远大的抱负等着他去实现，可是如今他却被放逐汉北这等荒凉之地。

身边无朋己，故国遥且远；忍受屈辱，悲伤失意。

"长太息以掩涕兮，哀民生之多艰。"屈子整日长长叹息掩面流泪，徘徊感叹人生的艰难。众人皆逐名追利，芳草不芳，而只有他还困在这里。

困在这里，遭君主厌弃，除了叹息落泪他什么也做不了。

他可曾有一瞬间想过，与谗佞之党同流合污？

若如此，它朝便也能回归故土，官运亨通，飞黄腾达。

可即便只是想一想，他也觉得肮脏。

"宁溘死以流亡兮，余不忍为此态也。"他宁愿突然死去形体不存，也不愿成为那副样子！

在政治上他找不到志同道合的人，纵然再失意悲愤，却也只能寄情于芳馨之物，聊以自慰了。

他栽种了众多的兰、蕙、杜衡等香草，希望他们生长繁茂，等到好时机再将它们收割。早上喝木兰上坠下的露珠，傍晚吃秋菊落下的花瓣，身上披着、腰上佩带着各种芳草。屈子曾言："亦余心之所善兮，虽九死其犹未悔。"这些就是他的心头之好，也是他毕生追求的东西，为此即使万死也不后悔。

"悔相道之不察兮，延伫乎吾将反。"疏离流放，屈子心灰意冷，后悔之前选择未来之路的时候未能察考仔细而入朝堂，最终落得如此境地。趁着迷途未远，他现在要回归正途了。

既然早被君王厌弃，谏言亦不被采纳还要承受过错，那便算了吧。他终于对君王与朝堂失望透顶，怆然选择了归隐。

回望故国，往事历历在目。

他至今还能清清楚楚地记得与君王议事，接待宾客时的场景，那时他拥有怀王的信任，在政治上更是春风得意，抱负大展，家国更是渐渐变强，一切都在向着美好的方向发展。

风雨突来变化莫测，不能如意。

不知从何时起，朝堂政权被奸佞之臣把持，君主昏聩，黑白不分，而楚国前路幽昧，似危矣。

他悲痛，愤怒，涕泪横流，却也不能做什么了。

他太失望了啊，失望到底了却又毫无办法，他只有离开这一条路……

楚地世道已经昏暗，善恶难分，亦无人理解他了。既如此，那他要到别处去找志同道合的人了。

趁着年富力强，他要巡行天地上下游历。他期待自己也能如伊尹、吕尚等人一般遇到一个贤明的君主，君臣勠力同心。

他已决意要走，装备齐全气定神闲缓缓前进，神思飞扬，心情也是从未有过的放松。

可当他无意间一回首，但见故都风雨飘摇。

那一刻，心头万种欢愉皆如潮水迅疾退落，只余深深重重的悲戚哀绝。

远飞的鸟儿倦了是要归林的，狐狸死时头也一定要朝着故地的土丘的。

可是，可是屈子他回不去了，再也回不去了……

怀王二十四年，怀王信谗言而身死秦国，顷襄王即位后又将屈子流放到更远的江南，流落于沅、湘之间。顷襄王二十一年，秦将白起攻破郢都，楚国败亡……

墙瓦残落，烟下重灰，而屈子至死钟爱的楚国大地，就如病入膏肓形容枯槁的老人一般，艰难而颤抖地喘出最后一口气，委顿在一片苍凉的废墟之中……

楚国，亡了。

这回便彻底是，故土不在，纵死亦无埋骨之处了。

那一天，他大约已经不会再长长叹息，掩面涕泗横流了吧？

被君主疏离，流放汉北，又流放至更加偏远的江南，他将失望一次一次地攒着，等积攒的够多了，至国亡时，他已经绝望透顶，再无眼泪可流了。

他已虽生犹死，即便是他毕生所喜好的数百亩的芳草，也不能再使他的生命鲜活起来了。

公元前278年，屈子徘徊在汨罗江边，双足终于吻着故土，遥遥回望故都，悲痛伤绝至极，自沉江中。他怀揣信仰，以死殉国……

"伏清白以死直兮"，他终究还是效仿了先贤遗则。

鼓震天响，江水浩荡，龙舟飞渡，观者熙攘。

日落，天晚，鼓歇，舟止。

有人将香粽投掷江中，低低叹问："何在，何在？"

汨罗寒冽，君还安否？

指导教师：李英杰

蒹 葭

◎汤颜齐

蒹葭苍苍,白露为霜。所谓伊人,在水一方。溯洄从之,道阻且长。溯游从之,宛在水中央。

蒹葭萋萋,白露未晞。所谓伊人,在水之湄。溯洄从之,道阻且跻。溯游从之,宛在水中坻。

蒹葭采采,白露未已。所谓伊人,在水之涘。溯洄从之,道阻且右。溯游从之,宛在水中沚。

——《国风·秦风·蒹葭》

十月的西风吹得我不住地打战,也吹得芦苇瑟瑟发抖,在凄风里背负着还未化完的露水。真正的寒冷还没有到来,但是那露水失去了夏日在荷叶上跳跃的雅趣,变得单调、刺骨、无人问津,就像苍白无力的霜,让我休戚相关的心变得不堪一击的脆弱。它们压在芦苇上,压得芦苇不堪重负。

芦苇对这冬天的使者卑躬屈膝、蝼屈鼠伏,但有一个身影不然——它,或者她,站在那里,秉持着芦苇的柔弱和露水的晶莹。所有的芦苇都徐徐地在压力下摇曳,除了她。她柔而刚，刚而韧，韧而干，干而娇，娇而直，直而准，准准地触动了我心底最深、最软的一处，触动了我的心。

她和我之间横亘着一条河流，一条从长江头流向长江尾的河流，也像露水一样冰冷、残酷。她慢慢地沿着河流上溯，向清晨的雾的幕帘里面走去。我抗拒不了，不经意间挪动了自己僵硬的脚步，跌跌撞撞地向同样的方向跑去。只是那脚下的岩石可恨，让我一路上磕磕绊绊；可恨那清晨的黎雾，让我觉得她仿佛就要消失；可恨那芦苇，让我的视线不时被遮住……等我来到一处缝隙，透过那缝看时，我松了一口气——她还在，还没有淡出我的视线，没有被那委曲的蒹葭所掩埋；但我又焦虑起来，以至于急得落下泪——她的身躯似乎湮没在水里，但我又分辨不出那是不是真相，我跟她似乎越来越远了。

我情不自禁吟道："蒹葭苍苍，白露为霜。所谓伊人，在水一方。溯洄从之，道阻且长。溯游从之，宛在水中央。"

不知不觉，已是申时时分，但是那露水没有死心，还没有被冬日渐渐弱下去的阳光晒干。在对面的岸边，她还在走着，没有丝毫疲倦。我开始反问自己："她真的知道我吗？""她会钟情于我吗？""她……"就像那追求大海的溪水，当自己真正融入了大海，才发现自己连沧海一粟都算不上。我渐渐感到疲惫，发现地下越来越不平、越来越高。我的心也在爬一道陡坡，虽然陡峭，但是我掩盖了心底的质疑，翻过了自卑的坎。我觉得——我认为——我相信——我坚信——她会接受我。

刹那的一瞥，她似乎回过头看了我一眼，但是我又那么不确定，心底的激情反而又一次沉寂——这飘忽不定令人纠结、让人揪心。纵使她知道了我的一厢情愿，她会不会接受又是另说，不在话下。

我的衣摆沾上了晨露，沉重而坚硬，那可耻的晨露想要阻挡我追随她的脚步，可笑它们认为这是可能。诚然，我的体力渐渐不支，但是她——也许是我自作多情，似乎不容我辜负。

她又出现了，出现在我的视线之内。我松了一口气——她还在，还没有淡出我的视线，没有被那委曲的蒹葭所掩埋；但我又焦虑起来，以至于急得落下泪——她的身躯似乎驻足在那水中的小洲，但我又分辨不出那是不是真相，我跟她似乎越来越远了。

我情不自禁吟道："蒹葭萋萋，白露未晞。所谓伊人，在水之湄。溯洄从之，道阻且跻。溯游从之，宛在水中坻。"

日中，那露水已经是强弩之末，压不了芦苇了，但是那些个残兵败将还是在耍着最后的威风。我衣摆上的水紧贴着我的大腿，死死地缠着我不放。我追随着她的脚步，但是也开始怀疑——"这是梦吗？""'她'真的存在？""我怎么了？"已经顾不得那么多，我用尽了残余的一点儿力气。当我停下来时，她好像戏弄我一样，也停下了脚步。她又出现了，出现在我的视线之内。我松了一口气——她还在，还没有淡出我的视线，没有被那委曲的蒹葭所掩埋；但我又焦虑起来，以至于急得落下泪——她的身躯似乎驻足在那水中的沙滩，但我又分辨不出那是不是真相，我跟她似乎越来越远了。

我开始期待，开始愤怒，开始喜悦，开始哀伤……我满心盼望着她能够回眸一笑，我也想对她说出那句埋藏已久的隽语。我想对她呼出心底的最真挚的情感和希冀。当我眨了眨眼，准备迎接那面容时，"它"却抛弃了我——无踪。

我情不自禁吟道："蒹葭采采，白露未已。所谓伊人，在水之涘。溯洄从之，道阻且右。溯游从之，宛在水中沚。"

惊醒——

二更天，我点燃灯，用最真挚的笔触，写下——

> 蒹葭苍苍，白露为霜。所谓伊人，在水一方。溯洄从之，道阻且长。溯游从之，宛在水中央。
>
> 蒹葭萋萋，白露未晞。所谓伊人，在水之湄。溯洄从之，道阻且跻。溯游从之，宛在水中坻。
>
> 蒹葭采采，白露未已。所谓伊人，在水之涘。溯洄从之，道阻且右。溯游从之，宛在水中沚。

指导教师：谢　娟

念旧时暮鼓，撞今日晨钟

◎黄昱粟

鼓，敲击的声音，交织着落日余晖，潜入我的心底。沉闷、厚重，悠长得让人觉着再听不见在钟声里匿起的朝晖。

我并没有听到这古老的呻吟，在西安鼓楼前，却也臆想得到。

我走过钟鼓楼，到过华清宫，我又看到阿房宫起，土马泥兵，青铜器皿，跟着古人进入陵墓。雕栏玉砌，美人扶着、走过，亭台楼阁间，与那帝王寻欢作乐。白驹带过红尘，洋溢荔枝香，引那贵妃嗤笑。

尘埃洒落青石红砖，时间锈化土偶木梗。

我望向那些过往荣光，仿佛已经爱上了这座古城。

我听到沉闷的钟声从积上了几层灰的楼间传出，映出一个个人影走过。于是我开始怀念，该抹去，却又忘不掉的种种，那是我已过去的荣光，却还像火光中的阿房宫，只留了记忆。

那是她，眼睛透出光，神情如冰湖却难掩心底热火，怀揣远方音律，与我走过一段路程。她是首诗，温柔热情中藏下平静和对未来的希望。只可惜这关于她的一切都以不愿再见而画上句号。

又是他，与我共谈高山流水，吟音律韵曲，共赏夕阳美景。可他终究走了，只留了些许联系和我心中记忆。

我好像有点儿迷茫了。泥泞脚步，不知该怎么向前。

我想在这座古城中去寻找答案。

我走过大街小巷，却看到街边红绿灯不显颜色，远处商业街关了门，处处写上清仓大甩卖，只为回个本钱。连稍微人潮所向之处，都还在古楼旁。

我又听见暮鼓的话语，那是留下历史文化经久不灭的证明，可我还听见晨钟的呻吟，那等待发芽的梦，在暮鼓间，被悄然掩埋。

我想这座城，与我一样充满对未来的彷徨，对过往如此骄傲。这座已步入现代的城，还只记得自己身为古城，不去拨开迷雾。在今天，依旧把唯一的繁华放在大雁塔旁，钟鼓楼前。

我清晰地知道，我们不该去忘记，但也不该止步不前。阿房宫只剩了尘埃，楚地的霸王不也只剩了一段佳话？流光才不管兴衰，只把翡翠点缀芭蕉，用血渲染樱桃。

过去终于过去，我们该做的，只是以过往得失勉励自己，迈步向前。

如果暮鼓不响，文人便只留了无聊的笔墨，歌者也只剩空洞妄想。可若无人猛撞晨钟，又有谁知道昨天的太阳走了，今日会更光明？

鼓楼墙角结出蛛网，檐前再无燕巢。钟鼓声越千古，回响绕屋梁，日新月异中，引我们乘风破浪。

指导教师：田　军

春江花月夜联想

◎刘俊佑

远方,月有声,是飘逸银色的琴弦,弹拨游子醉酒的孤寂。

江楼独凭栏,听钟鼓声传。少年歌者在徘徊,在咏叹!天籁如梦,琴声悠悠,月夜春江,风拂涟漪,卷起如梦如烟的往事。他在吟诵人生,他在寻觅天地神谕:江畔何人初见月?江月何年初照人?暗香浮动,扰乱多少闺梦;乐声又起,透了一江春水,透了他一身。月照花影,水深云际,清晰地托起一幅隽永的画卷。看斜月西沉,那份离愁,挂在了月的两端。

此处,夜有声,是如歌的散板,静静绽放于林间,缱绻闺中的一份惆怅。

春风,动了月色,却绊住了远方。携一支棹桨,扬起一叶轻舟,摇动了月夜……琵琶,大珠小珠落玉盘。春天的夜晚,严闭的记忆,被一串琵琶音轻轻撞击,开始在夜色中弥漫。与一群音符相拥抱,无声的泪水,濡湿一阕古老的歌谣。古乐在静谧的江面上回荡。月光在夜空中轻轻摇曳,袅袅娜娜,春江的潮水，散溢那幽幽月影，水天共长，一望无际。梳妆台上，玉户帘中，思念都收在了夜的叹息里。

此时他的身旁，只有那只小船，远远地，等待归来的仙子。空旷的桨声搁浅窗外，朝朝暮暮，可曾有飞鸟相伴，日日月月，可曾有载不动的艋舟；岁岁年年，可有谁在箫鼓中蛰伏。

春江啊，春江，去吧！东流不止，毕竟远去，怅惘的人，早生华发。缥缥缈缈，轻舟远去，思念燃烧在昨夜的梦里。"春江化朝秋月夜，往往取酒还独倾。"笑谈几多红尘事，杨柳岸上，曾演绎着多少晓风残月的缠绵。帆影已远，渔火已逝，只有漠漠烟尘，吹过靓丽的脸庞。谁在河流的彼岸，牵动秋水明眸的深情？

逝者如斯夫！不舍昼夜。江畔何人在徘徊、在等待？春江，泼出一幅淡雅的水墨画，挂在那扇古老的窗前。守候，忧伤的目光如一叶古苇，在薄雾中飘荡。春江之上，一位玲珑少年，正沿着箫鼓的伤口，溯游而上，一路捡拾片片回忆，做梦里最温暖的床……

春，因万物复苏萌动而妖娆妩媚；江，追逐奔腾的惊涛，呼唤源头轮回不灭；花，如歌的散板，静静绽放林间的玉体；月，飘逸银色的琴弦，弹拨红颜醉酒的孤寂；夜，深沉。深沉的重量，在你盎然的诗语中拔地而起，让地久天长的眼眸，雕刻骨铭心的意象。

"年年岁岁花相似，岁岁年年人不同。"在时间与空间的坐标里，谁又能真正看破？"人生代代无穷已，江月年年望相似。"在物质与精神的博弈中,谁又能真正超脱?爱恋也好,愁思也罢,无非是那花开花落、月圆月缺,是洪荒与无涯里的那一刹那。

月,任他圆缺去吧;花,任他开落去吧。江的尽头是海,夜的尽头是光!

指导教师:何　琛

八方青莲

引　言

在这场青春的笔墨游戏中，十一位学生的作品如同"八方青莲"绽放，不仅让我们见证了青春的想象力与创造力如何翩翩起舞，更让我们窥见了他们对自我、艺术与生命意义的妙趣横生的思考，正如"八方青莲"所象征的纯洁与和谐，在各个角落绽放出智慧与美的花朵。在这些作品中，小说如《藏在康桥里的秘密》和《戏梦》等，就像是对经典故事的顽皮翻新，让传统的角色在现代的舞台上跳起了灵动的舞蹈，宛如青莲在清水中自在舒展。

散文和小说，如《童年的竹节草》《故乡的背影》《等你回家》等，它们不仅仅是时光的穿梭机，更像是心灵的宝藏图，引领我们在记忆的迷宫中寻找那些闪闪发光的宝石，正如青莲的根系深入泥土，探寻生命的源泉。《红烛》《尽兴而为》《名山古建藏佛心》等作品，像是思想的万花筒，翻转之间，呈现出五彩斑斓的哲思，让人在阅读的乐趣中不经意间窥见智慧的火花，正如青莲的花瓣，层层叠叠，绽放出无尽的色彩。

　　翻开这些篇章，我仿佛加入了一场《笑谈集》中的午夜派对——夜色做伴，欢哥这位神秘嘉宾坐在庭院中央，手中摇动的扇子，不是普通的扇子，而是开启梦想之门的魔法道具。这些梦想，就像夜空中调皮的星星，一闪一烁，引领我们踏上未知的冒险之旅，正如青莲在夜色中静谧而坚定地散发着光芒。欢哥的扇子，就像是这些作品的魔法棒，每一次挥舞，都是对未来的魔法召唤；每一次创作，都是作者们与内心小精灵的俏皮对话。

　　在这些文字的魔法森林中，我们发现了前所未有的奇妙世界，正如"八方青莲"在广阔的世界中各自独立而又和谐统一。这些小作者们，像是探险家一样，挖掘着自己的心灵宝藏，重新描绘那些曾经让心跳加速的故事和人物——从行侠仗义的武林高手到浪漫多情的康桥诗人，从戏梦人生的名伶到织网等待的蜘蛛，每一个形象都活泼生动，每一个故事都让人忍俊不禁，正如青莲的每一朵花都是独一无二的美丽。

　　而童年的竹节草，照亮孤独的红烛，普度众生的"济"这些元素又如同涟漪般扩散，构建了一个既真实又梦幻的精神图景，展现了一个充满思想张力和情感深度的世界，正如"八方青莲"在水面上的倒影，既真实又虚幻，引人深思。这些作品，就像是一幅幅幽默风趣的漫画，让我们在会心一笑的同时，也感受到了思考的深度和生命的宽度。每一笔每一画，都是作者们用智慧和幽默绘制的生命画卷，让我们在阅读的旅途中，不仅收获了知识，更收获了满满的欢笑，正如"八方青莲"所传递的，生命的美好与和谐。

月夜组诗

◎胡煜菲

病　中

病中，落雨了
风在雷声里流浪
翻滚并拢它的足跟
脊背一寸寸躺进黑夜

夜是巨大的肺叶
不停歇地干咳、震颤
在痉挛里沉寂

风扭转树木的头颅
不再凝视的窗口
停在黄昏

夜闭合了雨，日历的边沿时间滴下

这病，
像是一盆倒进河里的雨
口齿不清

幻　　梦

我淋了一场细细绵绵的雨
伞密密麻麻地推着我走
像一块即将被消除的上个世纪的补丁

冬天不稳定的白，与夏夜的黑绿
风把现实和虚构吹到了一起

等来迟的夜，垂到肩头
漆黑的短发里浸着一抹月亮

只一个夜晚，便挑起了
一生的两头
一颗颗雨珠，在盐粒里打坐

当我在此伫立
脸上便落满了月光的足迹
像看见了另一个平行时空里的自己

老　妇

她弓起的背脊，
比北方的山峦更早认清冬天

几滴焦黄的灯
一团团棉絮
像时断时续的呜咽

针刺破月光
她把记忆的絮须纳进被褥
如同挽留一具变薄的躯体

前半生是影子
后半生是墙壁

身体转角处
那些执拗的疼痛，在预感着一场雪

指导教师：涂俊逸

藏在康桥里的秘密

◎蒋谨聪

说什么以往，骷髅的磷光。

——徐志摩

徐志摩墓前。雨潇潇而落，而你，志摩霜华满衣，你的鲜血自荒冢里泛滥而来，而你亘古的安睡又萦绕着我无觅处的秘密。

当林徽因正以纯正的牛津腔在大礼堂中为世界的建筑学家们讲述着"建筑是一门全世界的语言"时，贵宾席还空着一把椅子。她心中掠过一丝惊慌——志摩不可能迟到，专机应于下午三时抵达。

彼时雾重，机触开山，机身俱焚，乘客无一幸免，当一纸讣告收走志摩轻灵的灵魂时，它亦击碎易碎的林徽因的心。

时光重铸在康桥前。

彼时他错过罗素，偶识狄更斯，跌撞进皇家学院，又逢康河。

每个人心中都有一个地方，那里除了自己别无他人，灵魂的倾诉取代了冗杂的言语。于志摩,是康桥吧!一方青石板桥,一缕汩汩清泉,回转间水花流转,从青黛渐变成灰白,佐以英伦雨雾的交洽,把年逾二十,迷惘而懵懂的志摩深深吸引。

他们之间有过什么秘密已遁入坟冢,我们能知道的是志摩识得康桥后彻底以浪漫为食。

他曾在雨季兀自冲出宿舍,顶着瓢泼大雨,溺在康河边等放晴的虹,对友人的疑惑,"你可知有虹",此一句完全是诗意的信仰,使才情泛滥在世界。

此后他更甚,无论喜怒哀乐都倾洒在康桥里,"我的眼是康桥教我睁开的,我的求知欲是康桥给我拨动的……"在学术领域的诸多失意亦驻留岸间。

然而,这就是那个他留在康桥里的秘密吗?纸钱在你的残碑废塔前飞着,雨渐渐下大,撩拨墓穴流出幽古的芬芳。

他执意与张幼仪离婚,不顾恩师的劝阻,成为中国第一个离婚的男人;与父徐申如断绝关系,放弃家产飘然而逝;陷入与林徽因爱情的旋涡。

而她理智,转身,决然而去;他毅然追逐,一追,就是一生。

于是时间来到林徽因离英赴美的前一晚。

康桥仔细地听着桥上的呢喃声,夜斟得太满,雾洒了出来,浸湿了罗幕与寒衣。"玳瑁"后迷离的目光瞥见泪流满面的她,他把手递给她,她匆忙地,把手电筒递还给他。他,无言了。

你的墓此时被酡红的晚云笼住，九月的红蓼草在河岸上开着冥顽与执拗。你，何至于斯。

他与她此后走的反方向的路。纵然她再说，"那一晚我的船推出了河心"，他也只是应"你最好忘掉"。纵然她再回忆，除非一天你我共同攀动那条希望的弦。他也"我只是看着你走"！即便到最后，他仍缄默着收起声息看着远端的梁林木缘，然后悻自绕郴山。无法想象飞机一瞬间被火苗吞噬，你的头重重地磕向前排的座椅，破碎的玳瑁眼镜与那幅未继的山水画，竟交付给了满腔的炽热。康桥汩汩仍流，风霜渐冷，怎忍看峨眉依旧。

终于，你成了雪莱，解脱？逃避？愤世嫉俗？这就是康桥的秘密吗？！你，何至于斯！

突兀地，瑟缩在你的墓边的我，忽然听见了夏虫的沉默。

雨越下越大，我看着满地的你的泪水，凝成两个字的秘密：

自由。

谁在坟山外打着七彩的阳伞？

山海寂寂，长江东流如昔。

指导教师：李英杰

童年的竹节草

◎刘知仪

要说在我这才刚走完了十几年的路途中,见过的竹节草长得最旺的地方,还是在老家桥边土地神像旁。

竹节草这个名字或许根本不存在,我也没有兴趣去检索这样的生物。只不过是村民见它长得像竹子,有些竹青色,才随意赏了个名字。但就是这样不起眼的一种草,跟我一同长着。随心地扯下几株,它从"竹节"分裂开来,再按大小依次串上,放在最薄最贫瘠的土面上,过不了多久它就又成了一株新草。几个小孩比赛谁的新草长得高,大概也算是一项活动了。竹节草生命力太顽强了,在土地神像身旁长得愈发热烈,即便是忙着去北镇里赶场的年轻人、急着往南边田地点种子的老人、闲着向西处茶馆喝茶谈天的妇女……见了也要赞一声:"不愧是在土地神旁的东西,就是旺盛!"

我也像棵竹节草,在一年一年的竹节里,生根,拔高,长大了。我开始拿竹节草来编些新花样,许是草环、兜子……阳光晒,草枯了后竟也还算结实。我便在心里突然不敢低看竹节草了,不愧土地神存心照顾!

我再大些,听着村里"简菩萨"的叨念,我的目光却飘向了在土地神像旁的恣意横生的竹节草。不知道过了多久,"简菩萨"总算开始对着土地神像上香,嘴里念念有词,土地神像却是在烟雾中被挡住了,至于土地神是否认可、保佑了我,我无从得知。可我能见到的,那些在雾里轻晃身躯对我致意的竟是一株株的竹节草!我至此对它生出了一种尊重,应该没来由的,我不再摆弄它了。

童年太过缥缈,一眨眼就随竹节草长到了头。外公去世是童年到头的钟声。自那以后,我们再也没有回过老家。

今年四月时,车子驾驶过高速路,经过了土路的颠簸……终于到了那个地方。

下车后我怔住了。

我看见了雪,还有雪下泛黄但昂头的草。

是竹节草。不过远不如我记忆中土地神像旁的开得灿烂,只有一棵长了叶子,两三棵围在其旁。

不受控制似的,眼周忽然一涩,鼻子发酸,有温热覆了眼睛,模糊了眼中世界。我赶快上前,拍开雪,一小截竹节草露出。

也许这样,我便抓住了将要消散的童年。

指导教师:邵若晨

等你回家

◎向蕊朵

我家的猫在农村走丢了,这几天我的心情一直很糟糕,写下这篇文章也是希望冥冥之中有天意,让我的猫猫回家。

我是猫,我叫黄豆

我是一只猫,橘猫,也就是大中华土猫。

我长得挺好看:背部是橘白条纹交错状,腹部则是雪白的一片,洁净又丝滑;圆乎乎的脸蛋上镶嵌了两个铜铃似的眼睛,炯炯有神;嘴边几根鱼骨似的胡须,衬得我尤为风度翩翩。我跑起来快如一阵风,踱步时大方优雅,趴着时仪态万千,喵喵叫声简直太动听了。

我是一个月大的时候来到这个家的。家里有位小主人,名叫朵朵,是个十来岁的女学生,爱玩爱唱歌爱画画爱八卦……她总在我面前自称姐姐。咦,她是我姐姐吗?小主人的爸爸,戴副眼镜,有点儿啰唆,喜欢用大嗓门的"川普"和别人说话,有时候喜欢拎着我脖子后的毛摆弄我,哼,讨厌!小主人的妈妈,特别怕小动物,我刚到家的那几个月,她吃饭都要将脚缩到椅子上，怕我抓她挠她。所以我经常埋伏着，趁她不备时冲出来碰一下她，就会把她吓一大跳。嘿，她真是胆小。小主人的姐姐，听说在外读书，我就只见过她一两次，挺秀气。鉴于我全身大部分的橘黄色皮毛，小主人为我取名黄豆。黄豆是什么东西？我叫黄豆了吗？好吧，我就是黄豆。

我喜欢咬口罩带子。家里口罩不少，我第一次接触到口罩便爱上了口罩带子，真是让我无法自拔。这么鲜美的食物，小主人怎么能挂耳朵上呢？我想不明白，但这并不妨碍我偷偷地将他们挂在鞋柜上的口罩带子咬掉。有一天，小主人和妈妈拿了一个口罩和一块红烧肉放到我面前，我毫不犹豫地选择了口罩，并且当着她们的面狼吞虎咽地将口罩带子咬断。

我喜欢喝马桶里的水。我不喜欢他们为我准备的水，我喜欢马桶里面的水。我经常听到里面哗啦哗啦地响，那可是流动的水，新鲜，干净，我喜欢！可是小主人不让我去，凭什么呀。于是我经常趁她不注意，偷偷摸摸地溜进去，浅浅地尝几口，便又偷偷摸摸地溜出来。小主人为此还挺烦恼。嘿，有啥可烦恼的，我喜欢着呢！

我胆小。这也分场合，平日在家我总是昂首挺胸，一副"雄赳赳，气昂昂，跨过鸭绿江"的气势，可到了外面则很尿。有一次，我被小主人一家带去户外，我可怕了，逮住一个机会窜入一辆车子的下面，再钻到一个缝隙里。"这下安全了……"我终于喘下一口气，任凭小主人一家在外面拍打地面、用雨伞戳、学小猫的叫声等，我就是不出来。后来，小主人爸爸又借了一把扫帚，想把我从车底缝隙赶出来。好吧，看在你们这么努力的分儿上,我伸伸懒腰,出来喽!

…………

我陪了小主人两年半啦!

今年春节,小主人一家要去云南,我则跟随阿姨去了东泉的农村。说实话,我挺喜欢这里,人少,空气好,就是好多陌生人,让我好害怕。一天晚上,到处都是震耳欲聋且又密集的声音,让我想到盛夏狂躁的雷雨天。"什么声音?发生了什么?地震了吗?人们为什么这么兴奋?"我坐立不安,焦急地刨了刨地面,我要逃离这个是非之地!我开始拼命地扭动身子,想要挣脱阿姨套在我身上的猫绳。终于,我成功了!我跑出去了!

我是朵朵,我想黄豆

我是朵朵,我喜欢猫。

2020年的夏天,爸爸为我带回了一只橘猫,小小的,然而这不是我想要的布偶猫,它也没有我喜欢的金灿灿的眼睛,它的眼睛是蓝色的(后来我才知道这是因为所有小猫体内都缺乏黑色素)。但它有一身橘白相间的皮毛,一双天真无辜的大眼睛,也挺可爱。我为它取名黄豆。

黄豆爱咬口罩带,爱喝马桶水,胆小,不如宠物猫般温驯,不喜欢被人长时间抚摸……黄豆有好多毛病,可我还是很喜欢它。

今年春节,我们去云南过春节,黄豆跟随阿姨去了东泉农村。爸爸告诉我黄豆不见了,据阿姨说是被放鞭炮的声音吓着了，挣脱猫绳跑了。真是！天降横祸！我很是郁闷，但又抱有一丝希望地安慰自己："没事没事，不着急，过一阵它就会自己出来的。"

一连三天都没有黄豆的消息。阿姨告诉我：猫没丢，今天它回来吃了猫粮的。

看到消息的那一刻我简直想砸手机。

此时此刻我正在返回重庆的高铁上。一个小时前，爸爸打了个电话说猫找到了。仅此一句话，这几日笼罩在我心头的阴云一散而开，连窗外的阳光都明媚了几分。我按捺住心中狂喜，脸上装作不动声色地对他说知道了。

命运给我开了个天大的玩笑，谁能想到，就在刚刚，爸爸又打电话说阿姨没抓住猫，让猫给跑走了。

我坐在座位上，沉着脸一言不发。心道：人生真好似开过山车，一个不留神，便从高峰砸入低谷。我愤怒极了，甚至迁怒阿姨。一想到猫就止不住地哭。

我总觉得很愧疚。我去农村找猫了，一无所获。我和同行的人一遍又一遍在田野间呼唤它的名字，风儿将它扩散出去，山谷也传来回音，可我就是没听见黄豆的回应。

我想起之前，爸爸担心猫猫会影响我学习，便连窝带猫将它"举家搬迁"到了阳台一个角落。那时它才几个月大。重庆的夏天四十几摄氏度，它一身厚皮毛独自在外面对火炉，常常把身子尽可能地伸展开趴在地上以获取一时的凉爽。而那时的我却在屋内吹空调吃冰糕。冬天它把身子团起来缩在简陋的猫房里，抵抗凛冽寒风。而那时我却在屋内开着暖气看小说。

黄豆独自守候阳台这一小寸天地，不是日复一日，不是月复一月，而是年复一年。两年了，我从未关心它热不热，冷不冷。别家的猫猫都是主人家捧在手心里的宝贝，而我的黄豆，连想进家门都得蹲在阳台门前喵喵地叫上好久。有时家里人甚至觉得它吵，一个眼神也不愿意施舍给它。屋内的欢声笑语和阳台的萧条冷清被一扇玻璃隔开，门外小小一只猫想起来觉得好难过。

我想起曾经把它寄养在宠物店。我去接猫时，主人家笑着对我说黄豆是一只性格很好的猫，你们要好好对它。

我想起它被装进猫包离开的那人，脑袋耷着，大大的眼睛里满是悲伤和脆弱，它是不是在想我不要它了。

我还在想如果猫没有被找到，它会不会孤零零地死在一个腌臜的地方，过路的人嫌它晦气，看它的眼神满是厌恶。我真的好难过。

我也曾经帮小区里的人找回过他们丢了七八天的猫，为什么没有人来找到我的黄豆。

清风吹拂起时光这本书泛黄的书页，划过的每一片都是流年。新年里，夜幕中，火树银花的景色在我眼中明明灭灭，从前赞颂着说它有多美，如今就有多感伤。从前我总以为岁月长到一眼望不穿，便什么都不珍惜，现在的我泪眼婆娑，叹："当时只道是寻常。"岁月倒退回2020年的盛夏。那是一个闷热天，我走在回家的路上。小天才手表里妈妈说爸爸为我准备了一个惊喜。似是心中隐隐有预感，我加快了步伐。打开房门,在小奶猫细小微弱的叫声中,我猝不及防闯入了那双湛蓝澄澈的眼睛。

如果黄豆没有被找到,我大概这辈子都不会再喜欢烟花,也不会再养猫了吧,我想。

一个寂静杂乱的角落里,一声微弱的声音说:"姐姐,我好想你,我好想家。"

"黄豆,无论你在哪里,记住,姐姐永远爱你。"

指导教师:鞠红艳

故乡的背影

◎蒋谨聪

> 我嗒嗒的马蹄是个美丽的错误,我不是归人,是个过客。
>
> ——郑愁予《错误》

现在发现,过客的名头,是如火车脱轨般摁在我如履薄冰的步伐里。

算来,离开家乡石阡已经有七年整了。从有记忆到会说话再到学写字,我一直是泡在那个水似的家乡。离开后才发现,石阡于我,一直像个青涩而又害羞的妙龄少女,从来不曾露出她面纱后姣好的容颜,只是留给我一个亦幻亦真的背影。

小时候,她的背影是氤氲在水汽里的。那时母亲时常带我到镇上的温泉泡澡。我总是喜欢热水滚烫,使整个温泉房间都弥漫着白色雾气,用模糊不清的视线透过狭小的窗看向外面的景。

再大了些,她的身姿总在卖豆腐的小摊旁忽闪忽现。长大点的我,除了看风景的雅致,还有味蕾深处的触动。天下豆腐，大抵石阡的炸豆腐属上佳之品吧。如方正的小被子块的豆腐，倒油，下锅，翻炒，起酥，膨胀。小豆腐块最终变成蓬松而丰腴的睡枕，金黄的外皮已释放出阵阵酥香。我早已垂涎，心急想吃的模样却遭来老板的打趣。老板对我轻轻地笑笑："别心急，小伙子！"不一会儿，老板轻巧地用夹子拾起炸得如气球一般的炸豆腐，慢慢地轻轻地盛进雪白的餐盘，煞是好看。再用手蜻蜓点水般撒下赤红的辣椒粉，便习惯性地问："仔儿，饿了没，可以吃了！"韭菜末，葱花儿，被热的豆腐一烫，散发出顶美的味，香得使我要闭气；捧着碗，看到碗中辣椒粉的律动，我的手不住地哆嗦。吃了一口，豆腐把嘴里烫开一条路，空气里却留着一股豆腐的清香。三盘下肚，我已酣畅淋漓，汗湿衣衫。咂咂嘴，辣味直逼喉咙，蔓延到耳根。老板又轻轻捧上一杯盛着淡龙井的白边瓷杯，我轻抿一口，然后再轻轻地咽下从喉咙到心底里的沁香。随着吃豆腐愈加频繁，店里的老板娘也与我熟络起来，除了爱与我攀谈，也爱笑，那种不加粉饰的笑亦如那一杯清香的茶，秀美的同时又有几分神秘和端庄。

后来啊，我读了更多的书，才发现故乡石阡的美。每次在月下散步，脚步叩在不平的青石板，好似清脆的鼓点，偶然瞥见斑驳的墙面，一块块凹凸不平的墙面与微小的缝隙都让我联想起那传统的江南美。然而对着故乡的景，我才发现我始终捉摸不透我对故乡的印象，她给我的，一直是月下朦胧的背影。

她的发展速度很快，凭借自身的特色，"苔茶""温泉"一夜爆红，万千的聚光灯打在她身上。

光很亮，淹没了背影。

接着，也就是现在，我成了一位再续前缘的旅客，再拜访小摊的炸豆腐，老板已经忘记了我。更令我感到吃惊的是，如镜的茶水倒映出像是复制粘贴般的古街。曾经的故乡与我无言地分道扬镳，时髦地打上了耳钉，染上了猩红的发色，我只有从那依旧辣透骨髓的炸豆腐里辨认出她是我的故乡。

我发现，我从来没有结识过故乡。

究竟是她变了，还是我变了？还是我们都变了？席慕蓉说得对，"亲爱的朋友，请别错怪那韶光改人容颜，我们自己才是那个化妆师。"

渐渐地，我才明白，我与故乡的缘分就是今生今世不断目送她的背影，渐行渐远。我在小路这一端，看着她逐渐消失在小路的尽头，而且她在我脑海中不清晰的背影默默地告诉我：不必追。

指导教师：李英杰

红　　烛

◎朱芷兮

只身，沉默地，
伫立在黑暗中。
静静地等待，
自己的微光被残风侵蚀。

红烛啊，我是多么同情你！
同情你，
为了发出光芒
流下的滚滚热泪。
同情你，
那被自身的欲望
所破坏的躯体。

为何你总是孤独地站立？
你明知周围的黑暗不会注意你，
反而，

借助你的光晕变得更黑、更脏?

夜晚,
寂静地唤起冷风。
你那滚烫,
光亮却吹弹可破的火焰,
被冷风所摆布,
摇曳,
四散。

小小的火星子,
掉落在黑暗中。
被那无边无际的,
无声的,
麻木的,
浪潮所吞噬。

红烛啊,
你的不甘终将化作悲愤,
悲剧,
落入摇篮。
变软的残骸,
化为沉灰。

红烛啊,
太阳终将升起。
烧吧,烧吧!
属于你的那一天,
终会来临!

指导教师:韩　锋

尽兴而为

◎邱琪媛

烟月不知人世改。

倘若不知何为前方，饮那杯不夜侯，与月对影二人。

它道："人生浮沉，世事难测，当知得失随缘，闲淡由之。"那便是天晴固然可喜，有雨却不妨吟啸徐行，听一耳雨打残荷声。高处不胜寒，低贱被虾戏，只此心不变，何处不是吾乡？

诗酒趁年华。

你且往前，前路自有繁花。

时不我待，我不等时。青春易逝，若总顾影自怜，耽于无心，岂不放任那船到自然直的桥头逝去。"休对故人思故国，且将新火试新茶，诗酒趁年华。"四时少，何不放目四海，游走天下，把握当下好时光。待回首时，踏尽长安花。

酴醾落尽有梨花。

人生光影。请坐在地狱的屋顶上常芳华。

长安城深，青苔铺石阶。大唐的才子们并未意识到他们玉汝于今日之窘困。杜甫睡在青苔与积水里；李白困在翰林院的书堆里打瞌睡；小旅馆里王维正为年少时的诗作标注年龄；李商隐只能在反目成仇的昔日好友令狐绹家客厅屏风上题一诗；中年白居易从梦中惊醒，复想起这是挚友元稹去世的第八个秋天……不朽的诗篇，时代的追问，他们追着赶着，问着尊严、信仰、爱与同情，问着生命的意义。"酴醾落尽，犹赖有梨花"，那么多的真假，抵得了千载翰墨凝香。

天上人间，人生长恨。

一朝梦碎，敌不过五更寒。

光怪陆离的人间，不会有行云流水的顺畅。无常的魅影穿梭于历史，长出大片的冷清荒芜，也盛开一袖明艳花。金沉埋，空照秦淮。"胭脂泪，相留醉，几时重，自是人生长恨水长东。"金碧辉煌的宫庙殿宇怎么瞬间如土，亭内玉树琼枝如烟如雾。一生浮沉堪奈何，只掰得下一块柔弱自怜，做往事梦。生命在痛苦中充盈，灵魂在锤炼中不甘束缚。

勿做故国快活梦，求于茫茫万顷波中得自由。

莫辜负，惟持多情风流，倚尔得春风。

指导教师：李英杰

名山古建藏佛心

◎王宝珠

今年暑假的山西之行,是欣赏古建之行,更是与佛的一场相遇。

云冈石窟,历千年造化,佛法传人;永安禅寺,绘天地壁画,法象育人;悬空寺,因镇水而建,居高悯人;晋祠,缅唐叔虞功绩,造福乡人;镇国寺,见各态斗拱,次第惊人……

驻足仰望,细细哂摸,我心中浮现一个字——济。

"济"字义本为过河,佛过河即从俗世入"空"门,把自己渡过去,再凭借自己,帮人"渡"过一道又一道的难关,造福苍生。

天气预报中说好的清爽天气,丝毫不见。越往南越燠热,这也阻挡不了我们探求的脚步。七夕节的第二天,我们奔琉璃宝塔而去。晴空暑热中,山上琉璃塔巍然屹立。

电瓶车开至塔前山门外停车场,刚从车上下来,便听到塔间风铃空灵悦耳。虽早知琉璃塔精美绝伦,亲临塔下,仍瞬间感到震撼。

此塔背后大殿,有一尊特殊的倒坐菩萨。观音不坐在大殿的正中央，而在后壁倒坐——大慈大悲的观世音菩萨不度尽众生，永不回头。菩萨坚守济世初心，无怨无悔，无求无尽。

广胜上寺，曾受力空大师力护的《赵城金藏》的藏书柜历历在目，传世经典如今安藏于国家图书馆；下寺，曾载无数画师绘制的《炽盛光佛佛会图》和《药师佛佛会图》的墙壁空空如也，旷世奇珍最终散落在美国三家博物馆。

"广"大于天，名"胜"于世。

倒坐菩萨脚旁，我看见穿着泛黄的白T恤、戴着落满黄土的又厚又旧的黑框眼镜的修复师：他躬身站立在闷热晦暗的殿内，任游客来去，兀自潜心修复。手指小心翼翼，将泥条捏到近乎完美的弧度，再用小刷子刷上薄薄的一层水，填到佛像残缺处。如此往复，看似简单轻松的动作，他耳垂边也挂上了密密的汗珠，想给他拍照纪念，被婉言谢绝。

这，再一次让我想起那个字"济"。

或许，是在回报佛对他某一世的恩情吧。佛，曾成就了他，他在圆满着佛；圆满的佛圆满着他人，圆满的他们又圆满了他们的他们。若干年以后，我们不再记得是谁守护了谁，却懂得总有人以行动回报着，继续着，重复着。

看佛舒展安详的眉宇，看佛静谧慈爱的笑容，看佛悠然娴静的情态，悟佛众生可爱、可亲、可感的慈，悟佛万物怜爱、悲悯、同情的悲，悟佛呵护、帮助、救赎的济。人们常言"我佛慈悲"，此刻，我看来，人皆是佛。

深山有佛国，方寸藏仙界，胸中蕴大同。

隰县小西天，用贴金悬塑再现救度者的往生地，那是心中有佛的人希望世界嬗变成的婉愉的模样。从大同开启晋美之行的我，却在洪洞小县凤凰山间向往儒家所述的大同社会。

飞虹塔上第四层镶有琉璃宝珠，隰县小西天宝殿亦有净尘宝珠。吾名宝珠，或许前尘也曾得佛之照拂？此生，当持慈悲以济人。

指导教师：冯陈润

戏 梦

◎胡梦涵

梦醒，仓皇，泪湿，沾衣裳。

——题记

一

好好的一出《秦香梅》，拆得只有《哭灵》一折里的一节，所以上来就是一句"商——郎——"没头没脑，却成了定场。凄艳哀绝荡气回肠，语音盘旋肝肠寸断。"秦香梅见夫灵悲声大放，哭一声商公子我那短命的夫郎——"我把祭文虚藏于水袖，双手抖动似风中枯叶，像白蝶纷飞银花翻卷。台下看客只觉眼花缭乱，似同秦香梅一起跪灵飞雪之寒……

二

我是一个戏子，一个梨园伶人，一个出名过一阵的旦角。我一生最辉煌的，大概就是最后那出没唱尽的戏。

我的嗓子倒了。

有人说是烟火燎的，有人讲是心气尽了，知道我的人没有不抱憾的。那时有谁能想到，这不像样的场子，竟成了我的绝唱。

我没能担起班主的嘱托，老去而消声的大段时光，我早破了忌，大醉清酒，唱功尽废，偶尔一句"好一似嫦娥离月宫"，嘶哑的声色没人听，居然还有些味道。

"奴似嫦娥下九重，凄凄冷落广寒宫。"

我这一生做过最勇敢的事，一是扑进火场，一是在才子佳人华服美妆被作为封建余孽大加批斗时，拼死掩住了松木箱。我不知值不值，至死不知。我没启开箱再看过一眼，却终狠不得心毁这障物。那里有亡人在，眼浊耳聋时合上眼，当年那帔帛宫段，滴珠博鬓，桃花春面，历历犹在。

我承认我未必爱过什么人，什么凤冠霞帔，我爱的是一个影子，说到底，是戏而已。

眼见这世上起高楼，宴宾客，楼塌了，眼见我凉了硬了腐了，才终于有人能靠近我。都说那也是奇了，松木也许能隔绝人世，几十年后重启，扑面是当年滚滚的烟尘香。

博鬓上是一阵烫人的凉。

三

我醒了，平静，无声。好像一切只是消亡的昨天。书桌上静静放着一支发簪，兴许别上它，会更像戏里的人。"这都是几时的东西了？"我问我自己，随手将它放进抽屉里。

"唉——"不知从何处传来一声叹息，萦绕在空中。是梦吧，一生的梦。

指导教师：唐皇沛丰

桃李三友

引　言

　　桃李湖如绿翡翠般镶嵌在南开校园，三友路的松竹梅同挚友般陪伴在学子身边。在桃李湖边，学子听静水流泠泠落落，思世间真理大道真相；在三友路上，学子带着一份顿悟去体验，晨读时静品梅的芬芳，霖雨时观赏竹的坚韧，风摧时领悟松的正直。本章节收录的文章，正是学子于校园中阅万卷，观生活，思句理，结交阅读、生活与经典三友，博观约取，厚积薄发，还原思维本真的成果。

　　真正的发现之旅，不在于寻找新的景观，而在于拥有新的眼光。对佳句名言的审思，是本章选文的精髓。常言"谦谦君子，温润如玉"，《君子不欲瑑瑑如玉》却由玉、石引申，阐发"君子当然不欲瑑瑑如玉，而应珞珞如石"的主张;《第二名的英雄时刻》小作者审思"人们只会记得第一名,没人在乎第二"的论说,由斯科特和阿蒙森的南极竞争发散思维,得出人为自己的理想勇敢而坚定地奋斗,做自己的英雄之论;《苦难的意义》小作者辩证思考苦难的意义,即单纯的苦难并无意义,在苦难中反思、提升才能产生价值。

人生之旅,抬头观星,低头观心。对生活日常的随感,亦是思辨的证明。小作者由观柏林墙思考任何民族都无法脱离其历史而存在;由重庆市树黄桷树生发其天生丽质的缘由之思;由生活经历阐述人们对性别的固化思维之误;由繁简如何撩拨韵味,精思繁简平衡下的协和共生。衰老、时间、求知、时代变迁……生活中的一切,都化作学子思维之源,于"桃李三友"中绽放异彩。

纪伯伦有言:"理性独自掌权,是一种局限的力量,热情不加束缚,则是自我焚烧的火焰。"身处信息爆炸的时代,有太多声音萦绕耳边,要想在花繁柳茂中拨开,雨骤风狂里站定,必须成为"思想瞭望者",时刻保持独立思考和理性思辨,才能促进智慧增长,推动文明进步。唯愿所有学子熟读精思、观察生活、审思社会,让思维于经典、社会与人生中生根发芽,开出最绚丽的花。

评王佐良、何新《论读书》译本

◎刘译阳

　　私以为王佐良先生的译文深美闳约，是上上品也，何以知之？刘译阳曰：王佐良之文有门楣，而何新则尚欠。门楣者，外部之神韵也，而王佐良唯得之，其作磅礴宏大，气势夺人，而细品缜密通达，略无瘢痕生硬之感。夫培根者，十六世纪之哲学家也，其原文之风，料亦古朴老健，而王佐良之译文，驱遣词句，竟浑然契合，于原作格调，是亦可贵者也。夫翻译之上等，唯传达原作之风格，神韵耳，而王佐良是也，何新之文，平平无可读，料相较于王佐良，不值一哂者也。

　　夫王佐良之妙笔，惟在门楣乎？刘译阳曰：非也，王佐良之笔活，而何新之笔死。笔活者，腾腾跳脱，遂令译文洗尽外国之感，而浑然契合于译后文字之语法，用词，甚至逻辑。笔死者，一味直译，其译作之板砌生硬可想见矣，而使读者茫茫然如堕烟雾，徘徊古怪语法逻辑间，是唯其笔死也。今有证也，何新有句如是，曰"求知可以作为消遣……当你孤独寂寞时，阅读可以消遣"。而王佐良文曰："读书足以怡情……其怡情也，最见于独处幽居之时。"相较之下，孰高孰低，已然矣。何新之文两番重复"求知可以消遣",一则句式单一,显是按原文直译,且两句之强调者,皆"求知可以消遣"者也,如是则语句重复,且笔墨拖沓,节奏弛缓,如垂老然。反观王佐良之文,自怡情至独处幽居之时,显然有所推进,且转折灵动,令人欢欣,是翻译家之妙手。王国维曰:"才之不可强也如是!"

由是观之,王佐良已可高卧云端,其作之地位巍然不可撼也欤?是也。然刘译阳曰:"王佐良善翻新,何新辄守旧。"此王佐良文尤高一筹之处也。翻新者,在表达也。不同之语言,则有不同之表达而效果天上人间。翻译家者,择最优于其中也。如是则原文、译文之表达亦有远别。何新文有所谓"变成偏执的书呆子""变得淡而无味了"。王佐良另辟蹊径,曰:"乃学究固态""味同嚼蜡矣"。字数虽少,然神韵远胜,何也?盖王佐良之化英国之表达为中国古典之文字,于英文中,"书呆子"云云或效果甚佳,然于中国则无味,中文之"学究固态"之臻妙境,然于英文亦不然,此文化之相殊也。王佐良能于中文觅到契合"书呆子"于英文表达效果之词汇,其高处也。此"翻新",不可不谓翻译之难处,亦予之所以喜王佐良者也。

归结于一语,曰:"于走笔上尚善翻新,于门楣上尚善守旧。"此亦佐良先生翻译之法门也。

指导教师:刘 樱

天生丽质难自弃的黄桷树

◎黄秋皓

流连于春日的街头，倘若黄叶满地，干脆厚重，踩上去，嘎吱声接连响起，抬起头，那还不住地落黄叶的树定是黄桷树。若在冬日，空落落的街头忽然冒出几棵苍翠欲滴的树，那八成是黄桷树。黄桷树是如此的特别，使人无论何时都能在街上准确地认出它，正应那句诗"天生丽质难自弃"。

不过，"天生丽质"的它可并不是养在深闺，也一点儿都不娇无力。它的足迹遍布各地，无论在"山川萧条极边土"的边疆，抑或是在"黄埃散漫风萧索"的大漠，还是在"连峰去天不盈尺"的悬崖峭壁，都可见它顽强地与自然万般艰险做着斗争。就说重庆市委大院门前墙上的那棵黄桷树——自石墙缝内"破墙而生"，向着光亮的那方生长，叶冠蔽日，苍劲遒健。我曾细细地观察它的根，却似龟裂的手掌，但是粗壮有力，一根分出千万根，将千斤重的石板硬是分为两块、三块乃至千万块，它们使在这水泥石板里自由穿梭，寻找生命的源泉。而这正是它被选为重庆市树的原因——顽强、坚韧、自强不息。

而黄桷树最引人注目的，无非便是它那独树一帜的落叶及生叶时间。它可是真正地做到了"秋日胜春朝"。可依我看，它的"春朝"与"秋日"各具特色：春朝的它乃为百木当中"最靓丽的仔"，春风拂来，千万片黄叶便洋洋洒洒地飞向大地的怀抱，落成一条金色的走廊，留下一种优美的意境。其实，春日何必拘泥于姹紫嫣红，尽可在和煦的春风里飞扬自我，哪需在意他人异样的眼光呢？在黄桷树所铺就的金色走廊里，我看到了一个玩世不恭、诙谐幽默的它。秋日的它，庄重沉稳，举止典雅，一身绿装，使人在茫茫冬日犹可玩味春日之趣。此时的它，更像一个恪守职责的卫兵，笔直、庄严。它一言不发地守着这座城，它无声无息地给低迷于冬日的人们带来春日的慰藉。相对于春朝，它的存在使人更加多愁善感，对于那些颠沛流离的生灵，看到这仅存的一抹绿，想必定会感动吧！

可也有人说，黄桷树过于张扬自我的个性，盛气凌人，毫不谦虚。的确，黄桷树在任何季节都引人注目，但这并不代表它傲慢自大。它的自信并非"今朝有酒今朝醉"，而是自有满腹才干及充足准备的自信。如果你在春日，从高处俯瞰它，你会看到飘飘欲落的黄叶枝头上，早有绿芽"含苞待放"。唯等枝头空尽，春走夏至，它们便会舒展出硕大的绿叶，留下一片树荫，供人们乘凉闲玩。它从不会空留枯枝任人唾弃，在大放光彩之时，它早已为下一次的自信宣传做好了准备。何来张狂？只是"天生丽质难自弃"罢了。

指导教师：谢 娟

君子不欲琭琭如玉

◎胡嘉芮

常言道"谦谦君子，温润如玉"。似乎是否如同玉一样温润，是衡量一人是否配得上"君子"之称的一个极重要的标准了。古人抑或是今人，都将美玉视作良好品德的象征。所谓玉有九德，人们为什么喜欢给这种物质赋予"九德"呢？它为什么让人们联想到了君子身上的品质呢？

大抵是因为，玉特有的色泽，温和中泛着浅浅淡淡、荡漾千年的水的光泽，仿佛冬季郊外结冰的湖水，半透明的冰层下，是盈盈一片未冻的生机。影影绰绰，是鱼虾游动的影迹，深浅不一的绿意，源于水草袅娜倩影……这是很容易引人浮想的。

工匠也尤喜将玉雕琢成圆润喜人的样子，或是浑圆的镯子，或是开怀的佛像，或是小巧的玉蝉，或是摆件玩意儿，诸如此类，不胜枚举。被物主骄傲地把玩一阵时间后，玉会识相地变得更加可爱，使物主向亲朋炫耀时，脸上更添几抹喜色。仿佛夸姑娘似的，夸一句"真水灵啊"。

固然，玉是惹人喜爱的，它璀璨、光鲜、尊贵、华丽。玉享受着王孙的交口称赞、诗人的彩笔歌咏。它永远只属于有财富、有权势、有闲心把玩它的人，而倘若某日叫它"低到尘埃里"，估计它如何都不肯答应。

所以私言君子"不欲琭琭如玉"，意在君子应"珞珞如石"。石，是随处可见的，走在路上一不小心便会踢到，常被称作"绊脚石"。诸君细想，此物原不是造物主专为使绊子而设计的，如果真有这样一位造物主，他的智慧肯定不止于此。的确，石有它的大作为。诸君随处可见，窗外鳞次栉比的大厦高楼，无一不是建在坚实的地基上，又以石砖做原料砌成；条条宽阔的马路，也是修筑在岩石上的。

毫不夸张地说，石，就是承载一切繁华的基座，就是支撑万物赖以生存的土地的胸怀。石，亦是朴质的代表，它大益于我们的生活而常不被人察觉，"功成而弗居"。

私以为，贵贱是无意义的划分。那些关乎贫穷、富有的物质，都是极其脆弱的。生带不来，死亦带不去。对于所有生命而言，真正经历世间苦乐的，只有一个个完全等价的灵魂。开篇已言，玉自觉身份高贵，颇有《红楼梦》中妙玉瞧不起刘姥姥的意味；石却自甘做奠基者，不以身处低位而卑，也不以作为之大而亢。试看，玉者、石者，孰为君子？据此，君子当然"不欲琭琭如玉"，而应"珞珞如石"。

指导教师：段小军

第二名的英雄时刻

◎李欣瑶

电影《超越》中有一句台词:"人们只会记得第一名,没人在乎第二!"

正是这样残酷的现实,才激起无数人向第一名发起冲击的勇气与执着信念。

但历史上却有这么一个人:他是第二,但他的故事却与第一名一起,流传至今,被人们所歌颂。他的名字是斯科特。

斯科特与阿蒙森的故事,是一场很有看点的比拼。两人实力相当——斯科特身为英国皇家海军上校,航海经验丰富;阿蒙森的父亲是个船主,这意味着阿蒙森在父亲的影响下从小便积累了很多航海知识。况且两人都年轻气盛,渴望干出一番事业来。故事的结局是,阿蒙森成为人类历史上第一个到达南极点的英雄并顺利返回家乡;而斯科特和他的伙伴们在阿蒙森之后五个星期到达南极点,最终在南极土地上长眠。

阿蒙森目标很简单:到达南极点。斯科特却还肩负了科学考察一类的任务。虽然阿蒙森也有考察任务,但看了阿蒙森南极探险传记后,我想,这些比起斯科特的任务应该都是简单容易的小任务。

这就意味着斯科特需要带许多装备和专业人士。物理学家、地质学家、摄影机、拖拉机、实验仪器……那可真是把特拉诺瓦号塞得满满当当。装备繁多沉重,斯科特还舍不得丢弃,这是他失败的第一个原因。

第二个原因:斯科特太善良了。他完全不愿让动物吃苦,矮种马和狗,除非万不得已不肯抛弃。

第三个原因:斯科特是英国人,阿蒙森是挪威人。气候影响下,挪威人冬季生活环境更接近寒带气候,他们一般都使用狗拉雪橇。所以在考虑"交通"问题时,阿蒙森立马想到狗拉雪橇,这使阿蒙森团队在冰天雪地里节省不少体力。斯科特除了对人拉雪橇情有独钟外,还犯了一个常识错误:他认为寒带气候下没有猎物可供狗食用。但事实上狗可以与人吃同样食物。

第四个原因:性格差异。斯科特作为英国军人,总想着迎难而上,坚持就是胜利。而阿蒙森从小积累的航海经验告诉他,遇到恶劣天气感觉承受不住时,就要立即返回,"见坏就收",体现出他干练果断、能进能退的优点。

基于以上种种原因,斯科特输了。他比他的对手晚了五个多星期,他的灵魂也将在这方白色的土地上长眠。

但从另一个角度来讲,斯科持赢了。还赢得很彻底。

因为,即使阿蒙森是那个真正的第一,可从当今的各种文学资料来看,赞颂斯科特的占多数。

斯科特作为"第二名",能被记住已是万幸,可赞扬他的声音却超过了第一名,这难道不算是赢得彻底吗?

事实上,文学作品以悲剧英雄为主角,更能让读者扼腕叹息,起到震撼人心的艺术效果。"悲剧的目的在于引起怜悯和恐惧,并导致这些情感的净化。"

世间美好数不胜数,但必然不会永恒。好物不坚牢,奠定了悲剧是人间常事。"悲剧将人生的有价值的东西毁灭给人看。"

荆轲未完成刺秦,项羽乌江自刎,岳飞被奸臣所害,张自忠牺牲殉国……他们似乎都失败了,但从另外一个角度来讲,他们都是成功者。

曾经看过一段话,命运向勇士低语:"你无法抵御风暴。"勇士回答:"我就是风暴。"

人类与命运搏斗而展现出的生命力,是一种明知不可为而为之的向上精神。人类虽生而渺小,但正是这种向上的力量和不屈的精神,一代代不断积蓄自身的力量,不断探索未知的世界,让他们站在地球生物界顶端,让他们的足迹遍布地球的边边角角。

探索南极也如是。

第一个到达终点的阿蒙森固然值得被铭记,但与第一擦肩而过的斯科特,也称得上是英雄。

他从此对南极心心念念,为了组织探险队,倾其家产,费尽心血,还欠了债,离开年幼的儿子。

这是荣耀与牺牲。

他坚持不用狗,而且固执地认为那没有意义:"任何与狗一起进行的旅程,都不可能达到一种美好观念的高度,只有当一群人独自努力去面对艰难、困苦和危险时，这种高度才能实现。"

这是骄傲与礼仪。

当斯科特到达南极点时，看见迎风招展的挪威国旗和阿蒙森留下的信时，我想他的心情是糟糕的。但他出于绅士风度和公平竞争的精神，还是将这封信带在身上。后来，人们在他的遗物中找到这封信。留信人活着归来，捎信人死在他乡，唏嘘不已。他在遗言中写道："这都是天意，我们没什么可抱怨，只能努力到最后一刻。"

这是尊重与忠诚。

脚趾已经冻掉，依然立于南极冰盖之上，任由狂风吹动已破损的衣衫。那是他仅有的御寒的铠甲。抬起沧桑劳顿的脸，微笑着凝望远方。

斯科特的遗体被发现后，人们收回他的部分遗物。他被英国国王追封为骑士。

当之无愧。

接下来让我们回到开篇那句话："人们只会记住第一名，没人在乎第二！"这叫"印刻效应"或"首因效应"。

历史上"成王败寇"的故事屡见不鲜。在现代也有许多例子：人们都知道阿姆斯特朗，但很少有人知道奥尔德林；人们都知道珠穆朗玛，但很少有知道乔戈里峰……

除此之外，人类长期对"最"这个字眼的推崇、憧憬和大众媒体的出现也加深了这种现象存在的痕迹。

可斯科特不正是一个绝妙的反例吗？

他的故事，他的精神，被后人所歌颂。

他改变了我对"第一"的看法。

人们都渴望第一，想要成为第一。这种荣耀带来的诱惑，成为人们奋斗、前进的动力。

第一名固然伟大，但只有第一才称得上伟大吗？

斯科特打破常规被人们记住，是因为他有着为荣耀而牺牲的勇气，骄傲矜持的盛气，和尊重他人的底线。

这是当之无愧的骑士精神，是迎难而上、不畏艰险的探索精神。这是从古至今成功者的秘诀、是人类生存与进化的基石。是它，让斯科特成为人们心中的南极英雄，流芳千古。

现实中，我们常听到有人会说："我又拿不到第一，我不去做。"或是："你又拿不到第一，去做什么？"这便是他们将旁观者对生效的"印刻效应"强行加在了参与者的脑海里。

而当我们真正为了某件事付出心血与汗水时，即使失败，人的意志仍会散发出耀眼的光芒，失败中会产生攀登无限高峰的壮丽情怀。只有伟大的雄心壮志才会点燃起火热的心，去面对那些挑战，并用自己的力量击退它们。"一个人虽然在同不可战胜的占绝对优势的厄运的搏斗中毁灭了自己，但他的心灵却因此变得无比高尚。"无论是第几名，只要竭尽全力、努力拼搏，就称得上是英雄。

谨以此文纪念像斯科特那样的"第二名"英雄们。

愿我们都能为自己的理想勇敢而坚定地奋斗，做自己的英雄。

指导教师：谢　娟

关于性别的认识

◎刘泽芃

人们对"性别"的偏见，从小时候开始就一直给我带来伤害，在我的内心留下了阴影。

小时候，我特别喜欢音乐和艺术，热爱唱歌、弹钢琴和绘画，有时间就会自己边弹边唱自己喜爱的歌曲。我不喜欢玩电子游戏，反而喜欢在纸上画下生活中的有趣的事物。正当我对这些爱好充满了热情和向往的时候，却遭受到了朋友甚至亲人的嘲笑。他们认为这些爱好是女生喜欢的，我一个血气方刚的男孩子怎么能迷恋呢？而当我向我的小学班主任诉说内心的苦闷时，她却说："你呀，就应该多和班里的男生打成一片，去打打篮球，多交交朋友，自然而然就会对男生喜欢的东西感兴趣。"一次，我去亲戚家里玩，他们家有一个孩子和我的年龄相当，我们一起玩游戏，我特别喜欢他们家的一个布娃娃玩偶，并给它取名为小憨。可是姨妈对我说："你怎么喜欢玩这个呢？小男生都喜欢奥特曼和变形金刚，还有汽车模型，布娃娃是女孩子玩的。"听了她的话，我只好无奈地放下了小憨，拿起自己很不喜欢的汽车。还有一次，我和表哥比赛跑步，我们一起跑得很欢快，可当我超过他跑到终点时，表哥却说："你这可不算赢，你看你跑步的姿势那么女孩子气，一点儿男生的味道都没有！"听了他的话，我真不知道该如何反驳。

随着年龄的增长，这些关于男生应该如何，女生应该如何的论调，不仅没有消失，而是变本加厉地充斥着我的生活。当我在众人面前自信满满弹奏钢琴的时候，会有人说："弹得真不错，哇！你的手指好细好长啊，这真像女孩子的手，这么细嫩的皮肤怎么去打篮球呢？"的确，我从小体育比较弱，当参加学校运动会四乘一百米接力比赛的时候，我使出了我的全力去争取，但还是落后了。我听到同学们儿喊："你怎么这么慢，到底是不是个男生？"

不知是否有人和我一样，也遭受过这样的质疑？究竟男生应该是什么样子的呢？我究竟应该怎么做才对呢？这些问题一直困扰着我……

后来，我逐渐长大，外出旅行，见到了许多新奇的事物。我看到也有打扮精致而自信的男孩子和那么多飒爽帅气的女孩子，我突然释怀了。原来"性别"这个词本来就不应该去框定一个特定的个体，人们对于性别的认知在禁锢我们的思想并成为限制自我发展的枷锁。被人们约定俗成的一些事情，也会有改变的一天，比如我喜欢绘画，喜欢给人设计衣服，我相信总有一天我也能设计出比女设计师设计的衣服还受欢迎的款式。当别人试图给人贴标签的时候，沟通就已经很困难了。还有很多的孩子在成长的过程中正在经历我曾经经历的事情，他们对"性别"感到困惑，甚至遭到过嘲笑和讽刺。当他们不能完成对自我的认同时，多么需要有人能够伸出援手帮帮他们。我认为我们的成长教育应该包含性别认知教育，学校的老师应该专门组织同学们一起座谈，谈谈自己对于性别认识的困惑或者遭遇，并及时地加以干预和心理辅导。或者有位知心姐姐总在学校的某个角落设有咖啡吧等孩子们去交流遇到的不开心的事情。希望每一个孩子都能在健康和谐的环境里成长，并拥有一个美好的童年。

指导教师：姜　勇

苦难的意义

◎李欣瑶

苦难,一个多么平常的词语。

"穷人的孩子早当家""失败是成功之母""寒门出贵子"……所有的话语仿佛都在告诉我们:历经苦难才能成功。

在爸妈的书架上随手挑选一本教育类书籍,翻一翻总能看到些诸如"要让孩子多吃苦"的建议,仿佛苦难对每个人的成长都有重要意义。

于是,世人便在生活的苦难下硬着头皮前行,不过是为了碎银几两,可解心中惆怅,可保父母安康,可护儿女成长。但不知不觉间,苦难也让昔日的少年染上沧桑,压弯了曾经挺直的脊梁。在受苦时,人们还常常不忘提醒自己,"吃得苦中苦,方为人上人",为贫瘠的心灵土壤增添那为数不多的精神养料。

可苦难真如人们所歌颂的那样伟大吗?当人们将注意力放在历经苦难且成功的名人身上时,他们是否忘记了更多的例子——古时暴君统治阴影下的人民,生来便是奴隶的贫民……

从古至今,有不少人吃遍苦却一事无成,但也有人轻轻松松便走上了金字塔的顶端。苦难不是成功的必要条件。常有历经苦难而成功的例子，是因为苦难在普通人的生活中都是无法避免的，像吃饭睡觉那样常见罢了，正如余华说："苦难不值得追求，磨炼意志是因为苦难无法躲开。"曾经看过一则新闻，河北寒门学子王馨怡成了高考状元，如愿考上北大。难道没有贫穷的家境，她就不会取得优异的成绩吗？显然不是的。人们推崇苦难的心理，便如王小波所说："人是一种会骗自己的动物，我们吃了很多无益的苦，虚掷了不少年华，所以有人就说，这种经历是崇高的。"

苦难是绊脚石，单纯的苦难没有任何意义。在一个决心"躺平"的人的生活中加入苦难，这个人不会受到丝毫影响。没有必要去刻意追求苦难，因为苦难无处不在。走路摔了一跤，题目不会做，丢掉赖以生存的工作，这些都是苦难。人的一生，苦难如影随形。

单纯的苦难没有意义，但我们可以通过行动使苦难间接地给我们带来非凡的意义。美国女作家海伦·凯勒幼年时便丧失了视觉和听觉，这对任何人来说都是不可想象的痛苦。然而海伦并没有向命运屈服。她克服重重困难，学习用手"听"和写，还掌握多种语言，最终在文学方面取得巨大成就，还把毕生都投入为世界盲人争取利益的事业中。中国一代名圣孔丘自幼丧父，家境贫困，条件匮乏。但他不倦求学，发奋读书，最终学有所成，还教导了许多学生。克服困难并有所成就，才是真正有意义的事。

在苦难中，思考苦难降临的原因，能不能有效避免下一次重蹈覆辙；反思自己有没有做得不够好的地方，怎么做才是正确的；同时忍受伤痛，努力从苦难的泥潭中爬出。这样，从苦难中积累经验、提升自我能力、磨炼意志与品格。能力与经验积累到一定水平，便可使自己免于遭受一部分苦难，例如海伦克服困难学会"听"和写后，她便免于遭受了与周围信息不通而带来的寂寞之苦。磨炼意志与品格，让精神世界得到丰富的养料，能让自己在下一次苦难来临时从容应对，不至于身体和心灵又一次遍体鳞伤，而是拥有如颜回在陋巷却不改其乐的闲适与直面苦难的勇气。当自身有能力应对苦难、化解苦难后，再"达则兼济人下"，如海伦献身慈善事业，孔丘教书育人，传播儒学。

"盖西伯拘而演《周易》；仲尼厄而作《春秋》；屈原放逐乃赋《离骚》；左丘失明，厥有《国语》；孙子膑脚，《兵法》修列；不韦迁蜀，世传《吕览》；韩非囚秦，《说难》《孤愤》。"歌德曾说："苦难一经过去，苦难就变为甘美。"勇敢面对苦难，渡过苦难，从苦难中汲取经验与知识，磨砺品格，这时候，苦难便从绊脚石变为我们进步路上的垫脚石；克服困难的人，也将"在苦难之后找到生的力量与心的安宁"，正所谓"宝剑锋从磨砺出，梅花香自苦寒来"。苦难，便实现了它的意义：它是玉石成器前的无数次打磨与雕刻，助力我们成就更好的自己。

指导教师：谢　娟

凝繁之韵，品简之味

◎邱 天

"在这样的天地中独个儿行走，侏儒也变成了巨人。在这样的天地中独个儿行走，巨人也变成了侏儒"。余秋雨先生诉尽"繁简"之味，世界万物，对立且和谐。

有人追求莲的雅致，洁身自好，用淡雅韵成一幅画，将清美流入人心；有人追求牡丹的艳美，浓烈饱满，用色彩书写一首诗。于繁于简，总有百味，尝尽恬淡，或想经历繁华，游历于风流，未免不想守护那份简朴。

什么是简？是"惟长堤一痕，湖心亭一点"的闲适，是"枯藤老树昏鸦，小桥流水人家"的肝肠寸断，是"可怜身上衣正单，心忧炭贱愿天寒"的无奈请求。是人间四月天的缕缕清风，淡雅又悠长，或只是简单的诉说，便将那份情点到了极致。

什么是繁？温庭筠用"照花前后镜，花面交相映"绘了一幅美人图。柳永用"桐树花深孤凤怨"诉不尽点点哀愁。展现了一幅唯美而又多情的画面。恰似一朵娇嫩的牡丹，浪漫又回味无穷。

简，在笔下淡淡地绘，浑然天成，纯粹而无杂质；而繁，铺下色彩，巧夺天工，赐人以视觉盛宴，各有千秋。

江南小巷，饱经百年沧桑，青苔蔓上，简朴却雅致，这时要是一位姑娘撑伞漫步，没有比这更美好的画面了。颐和园富丽堂皇，繁花似锦，每一处建筑都有属于自己的故事，细细品味，数尽无数芳华，分不出高下，却仅是觉得，世界上缺了任何一种都显得没有这种韵味了。

画作中，中国水墨从古朴淡雅中走来，仅是几色，却绘出了神韵，无论是层次还是动态的美，都以一种极其朴素的方式展现得淋漓尽致。油画从色彩与冲击中走来，明丽的色彩交叠，大胆夸张的风格，由衷地体验美感。我们享受着简单，也品味着复杂。

简，更是要求守住内心的一份净土；繁，更是要寻得人生百味。但简单并不是马马虎虎的草率，繁杂也并不是故作高深，而更应在二者中找到平衡。

这种平衡，如艳阳下的一缕清风，世间万物和而共生，如月光里的藻荇交横，在为人处世中，无须虚而不实的点缀，但也要深厚内涵的品位，无须只顾名利，忘记初心，但也要在平淡中获得一些色彩。

指导教师：田　军

奇妙的"时间悖论"

◎邓峥沛

孔子曰:"逝者如斯夫,不舍昼夜。"在我们的日常认知里,时间是一去不复返的,逝去的一切都不可以重来。在科技高速发展、日新月异的今天,很多关于"时间悖论"的假想被提出来,那么当未来科技发展到一定程度时,是否可以进行所谓的"时间穿梭",回到一去不复返的"过去",弥补曾经的遗憾呢?

大家耳熟能详的"宇宙大爆炸"理论,提出"宇宙"在很久以前只不过是一个奇点,没有空间,也没有时间。这就证明了时间应该是"有始有终"的。德国科学家奥斯克·马丁说过,时间也在不断扩展,新生成的时间前沿就是所谓的"现在"。既然时间是不复返的,那么它的极限呢?以后时间将会持续扩展,无限延长吗?那么时间的终点又在哪里呢?

面对"时间"的奥秘,伟大的物理学家爱因斯坦提出了著名的"广义相对论",认为光是宇宙中最快的物质,超过光速就可以任意穿越时光,打破"时间不可逆反"这一传统观念。大多数科学家都对"广义相对论"深信不疑,但学术界也有其他观点，因为光是最快的物质，那么人类就不能轻易超越它；同时它还面临外祖母悖论等理论挑战。

著名的时间学家斯洛克针对"时光逆反"，提出了十分著名的外祖母悖论。假如你成功穿梭时间，回到你外祖母那个年代，阻止外祖母和外祖父结婚，或者回到你父母那个年代亦如此操作。好的，你成功阻止了这一场美好的恋爱，让他们移情别恋。但是你呢？你不是从你父母那里出生而来的吗？那么现在的"你"又是否存在呢？

面对外祖母悖论，很快又有新的科学家提出了奇妙设想。主要有"不干预"假想：即你能穿越过去，但却不能干预任何一件事情，从而改变历史。你只能像看电影一样看完以前的事。还有新的更加完美的外祖母悖论，即有"一双看不见的手"阻止你的干预行动，也就是你不可能干预外祖父母，总有预想不到的事情，会随时阻止你的这一鲁莽行为。

关于"时间悖论"的假想还有很多很多，充满了科学的趣味，更增添了"时间"的神秘性、不可知性。但不管怎样，无论时间有多长、有多么无限，人的生命是有限且短暂的。让我们好好珍惜当下，不负历史、不负时代，以"天行健，君子以自强不息"的精神，奋力书写新时代发展新篇章，可不要"青春短暂不珍惜，年华虚度空悲叹"，毕竟我们现在还不可能完成"时间穿梭"呀！

指导教师：吴亚南

衰　老

◎邱琪媛

果然，人的衰老是瞬间的事。

他什么时候变成了这样？

当我追逐着公车，他再也不能像以前一样跟上我的身影。

他的电动车把上贴着一张白纸片，"右边——开　左边——刹车"。字歪七扭八——他只上到了四年级。

人老健忘也许是真理。厨房的沸水冒着白烟，咕噜地响。蒸汽尖锐顶撞锅盖，锅底被火熏烧得漆黑。他还在看手机。最讲究卫生的人不止一次没有冲厕所，面对数落，他欲还嘴，却只能面露羞涩。春节是喜庆日子，因为骑电动车不看路被撞，他拄着拐杖到处走。可那是回家的一条小道，一条二年级时他就载我回家的路，一条不专心行驶却也能烂熟于心的路。团圆夜，我独自号啕大哭。

贪财不好，我却对他说不出口。他加了些"做任务就有红包"的微信群，群中头像是花开富贵、千手观音、景点靓照。十几个微信群，养生的、推销的、忽悠老人网购的。老人心智随年月消退而渐渐似孩童——迷迷糊糊、有些贪财、理性慢慢变少，他不会仔细想，既然是有益的养生群，为什么每天都有唬人的直播课，甚至做相关笔记拍照上交检查。

"跟着××走，活到九十九""今晚7点讲座——打卡红包"……我不齿于这些人的营销手段，他却甘之如饴，每晚极认真地听，记笔记，迟钝地去查百度和算法对抗——做题。

为什么？

"记笔记才有红包""做对题才有红包""听直播才有红包"，每天盯着手机，眼里是一两分的钱。或许是他的日子平淡漫长，他以此打发时间，以此证明自己活着的意义，以此在外能为我偷偷买一个冰激凌——用智能的支付方式。

歪扭的笔记摆了几摞，他把注意力又转到了养生直播。被主播说到自己的难受处就马上深信不疑。"中医""穴位""经络"……有一天，他骂骂咧咧叫着他的直播进不去，我看到的却是"直播有安全风险，已被封停"。我只好和他说，今天不要看了，去做馒头好不好，我想吃你蒸的馒头了。

头发白了又染，病痛停了又发。

身形日益佝偻，皱纹甚至无法用手将其抻展。

我一次又一次拍下他站在我前方的背影，一次又一次翻看，鼻头酸涩。

他不能回头地跑向衰老，我在后面声嘶力竭地呼喊。

我越来越恐慌。

指导教师：李英杰

虚怀若愚，求知若饥

◎廖梓涵

孩提时，每个孩子犹如一张白纸，任父母涂抹，又似一只雏鸟，生活在父母羽翼之下。

年少时，盼望着长大、盼望着成熟，喜欢叛逆、喜欢打扮、喜欢恋爱，以为这就是长大，这便是成熟。可为什么，当大人们谈起往事的时候，总是笑着摇摇头，半是无奈半是怅惘？

少年渴望追寻外面的世界，开始质疑，开始迷茫，开始有了自己的秘密花园，不再听从父母的劝导，不再与他们无话不谈，总是相对无言。

少年厌烦管教，认为父母阻挡了自己一飞冲天的梦想，却忘了，父母也为我们遮蔽了风雨，陪伴着小树苗一点点成长。少年想要挣脱管教，想要踏遍山川河流，看尽日月星辉，却不知，雪山美景也能造成雪崩，涓涓细流也能形成洪涝，美景总与坎坷相伴，若没有历经风雨的能力，便没有终见彩虹的可能。

向往天空的雏鸟，渴望着像父母那样终日翱翔于天地之间，趁父母离家时，尝试着远离巢穴、奔向耀眼的光芒，殊不知，也面临着半途失重坠落的风险，摔伤翅膀，从此失去飞翔的自由。

泰戈尔曾说："离我们最近的地方，路程却最遥远。我们最谦卑时，才最接近伟大。"世人只会讴歌低头向下而饱满的稻穗，绝不会把赞誉留给昂首向上而干瘪的麦穗。怎知无知是最大的谦卑，知无知方能立大志、孜孜以求知。

少年，当如何？畏缩不前、畏难而退？不，少年是一块璞玉，需于缺处雕琢、于细处打磨，方能绽放异彩。知无知乃大智，少年应守求知若饥之心，立虚怀若愚之志，方能自强不息、行稳致远。

指导教师：林洁欣

远去的鸡鸣

◎隋　鑫

"喔喔喔！"宁静的早晨，广袤的田野上，几声不堪寂寞的鸡鸣唤醒了睡意蒙眬的乡田，伸着懒腰的春光也徐徐来到，一个懒散而又不失情调的一天开始了。那回荡在山谷，萦绕在心间的鸡鸣，总能让疲惫的身心在浮云翱翔，挥去一夜的疲乏，拥抱新的一天。

我或许曾在童年的梦里漫步于澄清的溪水间，聆听过高亢的鸡鸣，它像是生活中的一杯淡茶悄然地立于阳光洒下的书台前，静静弥散朴素的甘甜，它实在太容易被忙于农田中的人们忽视，仿佛它的存在理所当然。但在不经意间，它已深深地烙入乡下人的心底。曾记得我们家有一只大公鸡，灰紫色带白斑的羽绒套在身上，昂扬着鸡冠，挺首阔步走在农间的田埂上。或许是不谋而合吧，天还蒙蒙亮，各村各家各个房屋的大公鸡总能异口同声地唱响黎明的号角。也正是这个时候，乡下人便顺着这条鸡鸣环绕的小径开始忙碌的一天。我相信那是真正的乡村，那是纯正的自然，那是一幅刻满一代代勤劳朴实的乡下人的清秀画卷，尽管它不着色彩。

"狗吠深巷中，鸡鸣桑树颠"，每当我读到，眼前总能浮现出那张陈旧的乡间画卷。一层薄雾带我穿越时光的脚步，怀着激动的心徐步于沉寂的村田，屏气凝神，静静体会那远去已久的历史沉淀，尽情拥抱清泉缓缓流过心田的清爽舒畅。我踏过一篇篇诗，穿过一册册书，奔向梦里的田野和清澈的蓝天，一处处炊烟缓缓飘荡在沉睡的山庄。"阡陌交通，鸡犬相闻"，童话中的静宜，梦里的诗篇，终于在此刻迸发，一声声鸡鸣越发显得活跃。

很可惜，它是梦。

如今，仍在养鸡的只是一些念旧的老人，每次回望老屋旧址，便总能在眼前浮现出灶房的大烟囱和一处处只够容身的茅屋，不免又响起久违而又熟悉的鸡鸣声。

时代的发展像是一匹疾驰而来的骏马，但在奔驰的同时，一些零星的、细小的、被人忽视的珍贵碎片却永远遗漏在了泥泞的土地里。风雨吹打，时光打磨，它已支离破碎，若隐若现。它被遗忘了，历史的车轮从不停止，时间的长河从未回头，尽管它是那么弥足珍贵，但终究还是被压碎在了时光的脚步下，隐没在时间的河流里，渐行渐远……

"喔喔喔！"那鸡鸣，虽已远去，却像一汪清水，浸入灵魂深处。

指导教师：梁　佳

愿饮屠苏迎新岁

——致那记忆中的年味

◎李宜欣

爆竹声声入旧梦,春风融融化深情。

——题记

总是期待除夕夜钟声过后,烟花在云端盛放,与天空热烈邂逅,倏忽间点亮我的双眸;总是期待啊,能在冬天时用手接住一片雪花,能围坐在桌前看春晚再接过红包,刹那,小巷尽头孤灯凛冽的光也会柔和起来。

不知从何时起,我的期盼不再强烈,也许是从我不再收到红包祝福的那年起,也许是我不能再看见烟花割裂云层的那时起,也许是当我知道爷爷奶奶不再来陪我过年的那刻开始……年味如旅者的跫音般渐行渐远,此后我不再翘首盼望。不时望向窗外,我曾盼望过屋外能有零星的几片雪花飘过。圆桌前围坐着阔别已久的亲人,在不多的暖意中,浓厚的春节气息变得无味了。老套的寒暄、油腻的菜肴、刺鼻的烟味、烦琐的问候……每逢春节,总是少不了这样名为团圆的聚餐。说是疏离,其实也不尽然,毕竟血缘的牵绊将我们系在一起,只是步入这个年代亲戚间关系渐渐疏远了。我感到自己就像漂浮在水面的泡沫，在大人们的高谈阔论中飘荡着，无所适从。我只能坐在座位上，不知道如何去融入。圆桌前的每个人似乎与我之间都有一道难以逾越的鸿沟。

但过年，真的从一开始就是这样淡乎寡味的吗？

母亲曾说，她小时候一放学就会到亲友家串门。邻里、亲友之间似是有无形的丝线将他们串联起来，而他们自然亲近熟络了。彼时的新年，是和小伙伴们追逐风中的嬉闹，是和亲友们重聚于花火下的感动，更是和父母徜徉于庙会中的温馨。而今的我，踏上成长的列车一去不返，仅凭童年的欢笑成为记忆中一个模糊的残章。与其说是年味淡出了我的成长，倒不如说是成长冲淡了曾经的年味。恍惚间，一丝白光入眼。我看着外公，看着他把白酒沿瓶口倒入小巧的酒杯中，透明清澈的液体在吊灯的暖光下呈现出瑰丽的光色，在一声声叮咚的清脆碰杯后。幺外公把红包塞进我手中。微醺的他，粗犷的眉毛横在额间，大大的鼻头泛着淡红："要好好学习啊，幺外公呢祝你学业有成。心里如果有事啊，多和你妈妈沟通沟通。"我心头一热。像白酒入喉那般热烈。

也许，时间会淡化一切。但长辈们对我的关心与期望永远寄予在我身上。也许，亲情的呼唤就是如此奇妙吧。刹那间，我明白了，原来年味，从来都不曾真正离我远去，家人间的爱还在，新年的祝福便会永远陪伴着我，跨过一年又一年的寒冬，岁岁如此，生生不息。

于是，雪与梦的使者叩开我的心扉，那久违的年味再次酽酊梦中，醇如佳酿。

空中的雪仍旧如三月的粉蝶，舞个不停。在纷纷坠落的雪片中还夹着细如星辰的玉碎。像这样雪花飘舞的诗情画意，而无雪后寒气逼人的苦楚，除了在这冬去春来之时，别的时节是寻不着的。重庆的雪确实稀奇。我在铁山坪看见细小的雪沫扑打着车窗。一片片雪花挂在发梢上、落在睫毛上。树皮上挂着一圈，叶片裹了一团。灰蒙蒙一片云朵压在瓷白色的天空上。惊讶与喜悦一股脑儿涌入我脑袋中，久违的年味与纷扬的雪花一起，盛放在我的心间：

爆竹声声夜未央，凉风习习草如霜。
披衣不寐思何处，墙里蔷薇墙外香。
鞭鸣炮响不成眠，火树银光照九天。
榭后亭前都候着，东风一到百花妍。

我愿斟起一盏屠苏，致那记忆中永远不曾淡去的年味，致那些，永远照耀在我生命中的微光。

指导教师：许智远

日新月异

引　言

"允公允能，日新月异"是张伯苓老校长在 20 世纪提出来的南开校训，不仅是南开人的精神体现，更是当今知识青年的价值取向与精神追求。"日新月异"是要每个人都能够接受新事物，成为新事物的创始者；要每个人都能够赶上新时代，走在时代的最前列。这是张老校长对广大学生青年的寄托，也是本章作品的类型以及命名的原因。

《义务教育语文课程标准（2022 年版）》在课程内容中设置了"文学阅读与创意表达"的任务群，其目的之一是引导学生在语文实践活动中，观察、感受自然与社会，表达自己独特的体验与思考，并尝试创作文学作品。写作是学生表达的重要形式，"创意写作"是"创意表达"的必经之路，正所谓"立象以尽意，情动而辞发"。本章收录了学生习作20篇，都是南开学生在语文实践活动中的大胆尝试与创意表达。既是语文课堂在生活中的延伸，也是南开特色育人理念的体现。

阿西莫夫有句经典名言：人必须博学，才会有所创建。本章既有《五心与生活》《讲故事也能讲出名堂》这类以数学为基础，写作为载体的学科交叉文章，也有《穿井得亿人》《愚公移山新编》等语文教材的创意改写。既有着难得的文学趣味，也有着能启发同龄学生的写作创意。《惯骗姚芝轩》《当水浒遇见三国》这些文章以课内阅读为楔子，另辟蹊径；《叮叮风波》《快乐水服用指南》这些文章以日常生活为蓝本，海阔天空。陌生的题材形式，新颖的叙述视角，我相信这些文章一定会走进同龄人的内心，引发读者的共鸣。在一遍又一遍的阅读过程中，我数次被同学们的创意所折服。从前读书的时候，读到有些文字，它们像是一束光，深入人的内心深处，引发人们的思考和感悟。本章所收录的文章亦是如此，有着文本形式上的创新，亦存在着思想领域上的探讨。

人生之短犹如昙花一现，放眼思想长河，创意的闪光亦如长河中的浪花。浪花中有旅人镜像的一生，有校园角落的跳蛛白蚁，有对压岁钱的精打细算，有唐雎铺毡对坐、挥斥方道的秋月春风。借此章节希望中学生都能够找到写作的乐趣，不再惧怕；尝试创意的表达，月异日新。这些思想的汇聚，才能启发着每个人接受新事物、传递新思想、走在最前列。执笔为舟，举鲍樽以相属；放浪长河，挟飞仙以遨游。

惯骗姚芝轩
——《父亲的病》读书会 Rap 分享
◎於思行

他的原名是姚芝轩,
他的医术有点儿悬,
他虽是一个江湖惯骗,
他却道自己医术赛神仙,
他的出诊费一点四元,
不过目的还是骗钱。

一个漆黑的天,
城外突然来电,
请他出城深夜特别又加钱。

他不断抱怨,
无百元不见,
人家没法只能顺从意见。

只是草草看一眼,

便开了一个药片。
拿了一百元就消失不见。

第二个晴朗的天，
人家与他再次相见，
笑容十分片面。
只道昨日的药效果明显。

他再按病人的脉，
人死已不复在，
他竟不懈怠。
反而有模有样地说着我已经明白。
只可惜那家闺女变成了死人。
他的模棱两可，从容镇定，草菅人命，使人生
　恨……

指导教师：鞠红艳

愚公移山新编
——假如没有天帝的帮助
◎ 崔若萌

俺家门口有两座大山,俺世世代代都住在这里,从来都没有去过山外的地方。咱们都吃自己种的粮食,日子倒还过得不错。却说有个叫愚公的老头子,想要把山移走。真有趣,俺要把这事儿记下来。

移山小记一

真不知道他是咋想的!

俺抬头看了看这山,却怎么也看不见顶,遮了半边天。就凭他这个快九十的老头子,怎么可能移得走山!

方圆十里的大智者河曲智叟听了他的想法都直摇头,说他移动山上的草木都很困难,不可能移得走山。连大智者都这么说,想必愚公的想法多半是行不通了。

可愚公却说就算他做不到,他的子孙也会做到,总有一天可以完成的。俺看了看山,移完它要多久?是二十年、三十年,还是一百年?总之他应该是等不到那一天了,为什么要为一件数年后的事操心,俺不明白。

前些天看见他带着畚箕向渤海走去。这儿离渤海倒也挺远，这样走一趟，他应该就知难而退了。

移山小记二

他回来后居然还在移山。

去的时候是冬天，现在却已经夏天了。俺看了看那山，还是这么高。

可俺还是不明白，如果愚公觉得出行不便为何不想办法把家搬到山的那边。村东那户人家前些年已搬了过去。其实搬家也是咱们的梦想。俺要多种些地，等俺攒够了盘缠，也要搬过去。虽然搬家也有些困难，但也比移山简单太多了。

他笑了笑，回答俺说他是想让我们的后代都能走到大山外面。啥意思？他又说，不只是村东那户人家，也不只是他自己，而是每一个人。这样啊，咱们的后代不用攒钱搬家，也能走向山外的世界。

山外的世界究竟是怎样的？或许有一望无际的原野，与天相连；有郁郁葱葱的大树，排成直线。如果俺的后代一睁眼就能看见这种美景就好了。大伙儿似乎都默默赞同了愚公的主意，农闲时帮忙移山。

俺真的想早日把那两座大山铲平！

移山小记三

终究还是出意外了。

移山已经进行了两年有半，可就在今天，搬移石头导致山体崩塌,大量土石从山坡滑落到了田地里。村西一户人家的庄稼受损最为严重。他叉着腰,愤怒地大喊:"俺早说过,移什么山!也没见这山变矮多少,倒是这些土石,指不定哪天会伤了人命。依我看,不如散伙罢了!"

这话好似导火索一般,激起了大伙儿的怒火。他们看了看自家受到不同程度损害的庄稼,又看了看还是那么高的山,开始了七嘴八舌的议论。"这山要是再坏了庄稼,日子可怎么过!""开始移山后收成大不如从前,本来我早就可以搬家了!""都是愚公惹的事,不能让他再移山!"于是他们拿起木头、竹子,制成围栏,把山封起。并下令以后谁也不许再进这座山。

听到这里俺却有些失落,难道真的不能让每个人都看到山外的世界吗?俺看了看平时最有主意的河曲智叟,他也只是无奈地摇了摇头,看来是真的没办法。

这些天愚公一直郁闷地待在家里,看来移山的故事真的到此为止了。

移山小记四

移山的事居然有了转机。

今儿一早,河曲智叟就拿着一张纸兴冲冲地向愚公家跑去。愚公无精打采地走了出来,才几日不见,却似乎又苍老了许多。他仰首望了望山,又低头看了看村民们竖起的栅栏,缓缓叹了口气。

河曲智叟激动地说:"咱有好方法了,就算不移山,也可以让大家走到山外边!"这话一出,便瞬间引来了众人的围观。"不移山？还有什么办法？""要再坏了俺的庄稼可咋办？"只见河曲智叟展开了手上的纸，指着它讲解道："这方法可比移山简单多了，咱们只需要在山中间打个洞，修一条通道，就可以直接通向山外。至于怎么修这个道呢，让我来给大伙儿讲一讲……"

听完后，大家半信半疑地点了点头，却又把目光投向了田野。"嘿，这个大家不用担心。"河曲智叟仿佛早已料到了一切，"上回庄稼受损的来我这儿登个记，其他人将多余的粮食给他们分些以后都这么办。这难关，咱要一起过。"

希望重新浮现在了大伙儿的脸上，愚公托着下巴，颤抖着说："这……这我咋就没想到呢，真……真是太好了。""当时是俺不理解您，后来才知道您这是为了大伙儿。但这移山也是我们每个人的事，不光要有决心，还得有智慧。"河曲智叟说道。

栅栏被拆除了，又开始了新的移山。

移山小记五

经过几年的努力，隧道终于打通了。

今儿也恰好是愚公百岁寿诞。在这个日子里，大伙儿都看到了来自山外的第一束光。愚公高兴得像个孩子，急匆匆地向外奔去，大伙儿们紧随其后。

原野、河流、森林，出现在了每个人的眼前……

指导教师：王　莞

旅　人

◎陈诗洋

我，时洛，一位旅人。

在这一片惨白中走了很久。

冷。

雪肆虐着，刻刀般的凉撕扯着我的身体。

倦意溢上中枢神经，大脑空白一片。

寒风骤起，融化的雪刺入骨髓。蜷卧在地的我睁开眼，目光所及之处皆是茫茫的白。

颤身爬起来，重心不稳又使我踉跄地后退，再次跌入雪中。

呵，如果再晚点儿，怕是就被活埋了吧。我把手枕在脑后，躺在雪地上，漫无目的地想着。

因为严寒的侵蚀，我的思绪麻木迟钝，却努力回忆着一切往事。

我出发了。

后来，到了这千里寒雪的极境之地。

睡了过去，醒来，濒死。

只是，为何而来？

为何要做这旅人？

我无法回答。

沿着直线，我慢慢地走着。

身子冻僵了，没有知觉，好似一个机器。用力眨了眨眼，睫毛落下点点素白。

忽地，狂风怒吼，雪花掀起。

隐隐脚步声逼近。

我猛地拔出腰间的军匕，眯起眸子，警惕地定住。

"放下匕首吧，我的朋友。"陌生却又熟悉的女声从身后响起，"我不是坏人。恰恰相反，我可以带你回去。"

"你是谁？为何帮我。"我转身盯着她，却没放下军匕。

"我叫时绯，你好。"她微笑地冲我仰头，"时洛，对吗？"

"你认识我？我们并未见过。"我十分惊讶。

"哼，当然。"她低笑，"不必吃惊。跟我回去吧！你会知道一切的。"

我点头，没来由地，心里涌上信任与熟悉的感觉。

时绯说的地方，是一座小型基地。

墙是金刚石和冰掺杂而成，像是修补了好几次，屹立在风雪中，有摇摇欲坠之感。

看着上年代了。

"三百多年前的了。"时绯淡淡地说，走过去，输入密码开门。

"你住这里多久了?"

"二十一年。"时绯将帽子往下拉了拉,微微低头,完美地遮住了此时晦暗不明的眸子。

意识到她并不想说下去,我识趣地闭上了嘴。

"不必见外,去参观参观吧。"时绯说。

我点点头。

今夜的雪好像小了些。

基地的生活单调乏味,清一色的景,规律的作息,一成不变的食物——营养剂。

腻了,也不知时绯为什么让我留下来。我望着窗外,想着。

"时洛,抓鱼吗?"时绯站在后方问道。

"抓鱼? 你确定真的有鱼吗?"

"有的,不过很少。就当改善饮食吧。"

我们并肩向基地的后面走,那里是一片冰川,冰河蜿蜒。

望了望周围的雪白,双手背后,"此情景我想到了一些成语——冰天雪地,鹅毛大雪。"

"还有?"时绯好笑地等了等,"银装素裹,浮玉飞琼。"

"有文化啊。"

"你那个五岁就该会了吧。"时绯哼笑。

"你!"我微嗔,不过会的时候还真是五岁。

"好了,我们到了。"她眼中带着星星笑意。

眼前的极白晕染上了浅蓝,安静又不失淡雅。隐隐约约水声潺潺,水中的鱼儿溅起水花。

"还真的——"我难以置信地睁大眼。

时绯朝我点头。"下去吗?"

"等着。"我将裤腿挽好,撸起袖子,跃进冰河。水温竟出乎意料地可以承受。待我精准分析了鱼后几秒的移动点,一抓一甩,一两条鱼应声而出,整整齐齐地排在雪地上。

时绯挑眉,叹为观止,由衷道:"厉害。"

"基本求生本领。"

"嗯。"时绯笑笑,"到后面走走?给你讲点儿故事。"

"好啊。"

只是没想到一个小基地后竟有这么美的景色。

天地间,素雅淡然,风不停,雪不止。

"美吗?"时绯眉眼弯弯。

"美极了。"我忍不住夸赞道。

"嗯。"时绯点点头,"来给你讲点儿事吧。"

"首先告诉我,你在这极境之地看到了些什么?譬如说人,建筑。"

"只有你和这座小型基地,其他的都是雪。"

"哼。"她低头,轻哼一声。

"嗯?"

"啊,没事。其实你知道吗,在这极境之地上,有很多人,很多建筑。"

"啊?"我吃惊了。

"你都没看到对吗?"她见我点头,又道,"你不会看见的，毕竟他们与你无关。"

"意思就是说你与我有关？"我一针见血道，只是不明白，分明我们才认识啊。

"你很聪明，的确是这样。"她顿了顿，"我知道你的疑惑，这很正常。每一个和你一样的人都是这样。"

"一样？你是指什么——"

"暂时还不到说的时候，不过相信我，你会知道的。"她的眸子闪了闪，加了一句，"你必须知道的事情。"

"那……你看得到那些人和建筑吗？"我转移话题。

"自然。"她淡淡地说，"他们几乎分布在极境之地的每一处。当然会有路的。于你而言看不见，也触碰不着。因为还是那句话，他们与你无关。"

"……"我一时不知道怎么回答，毕竟无论极境之地也好，时绯的话也罢，都太不可思议了。

"好了，我今天也只是给你铺垫一下，不要多想。该你知道的你总会知道。"她微微一笑，拍了拍我的肩，"我们该走了。"

此刻，谁都不知道，基地内的时轴球闪了闪。

实验室中。

时绯靠在窗前，看着前方的时轴球，"是时候了。"她呢喃，"只是没想到竟这么快啊。"眼神渐渐黯淡无光，平日那个爱笑的女孩儿此时浑身笼罩着低落与悲凉。

随后起身，"时洛。"

"嗯，怎么了？"显然，我被她满身低落的情绪吓住了。

"你不是一直想知道背后的秘密吗？跟我来吧，我告诉你。"

我点头，和她一起走进那间神秘的实验室。里面出乎意料地干净，基本的实验器材都没有。抬头，目光被时轴球所吸引。

"那是时轴球，算是我专属的预言球吧。"时绯走过去，摸了摸光滑的球体。眼里充满了无奈。

"你看。"她将我的手摁在时轴球上，球立刻散发出柔和的光芒，把我和时绯笼罩在其中。

霎时，实验室消失了，周围一片混沌。

"你我在时轴球中，不必惊讶。"时绯平静地说，"时洛，告诉我，你多大了。"

"二十五。"

"嗯。做了多少年旅人？"

"四年。"

"收获了什么？"

"……"我答不上来。

"还没意识到吗？我为何这样问你？你在虚度时光啊，我的朋友。"

"可……"我想反驳。

"哼，莫非不是吗？没错，你是走过了许多路，你是领略了诸多风景。可……它们对你来说，有意义吗？嗯？"

"我……"

"你白白浪费掉的时光，你虚度的年华啊，你曾盼望美好的时光啊……但美好的时光到来后，你又干了些什么呢？你学到了什么？你过来瞧瞧，它们个个完美无缺。根本没有用过。"

时绯摆摆手，立即出现了几个箱子。"打开吧。"她对我说道。

我顺手打开一只箱子。箱子里有一条暮秋时节的道路，好友景熙正在那里慢慢走着。

我打开第二只箱子。里面是一间病房，弟弟时延躺在病床上等着我归来。

再打开第三只箱子。是我那条忠实的狗果果卧在栅栏门口。它等了我四年了，已经骨瘦如柴。

但这只是三只啊，才三只！还有比这多很多倍的箱子我看不见！

我感到心口被什么东西夹了一下，绞痛起来。时绯像审判官一般，一动不动地站在一旁。

"看见了吗？他们都在等你呢。"时绯笑笑。

"……"我失神地低下头，眼里是深深的懊悔，时绯说得对，的确是我一直在虚度时光。我一味地满足自己，却忽略了友情亲情。那些本可以与好友亲人相伴的日子啊，那些本可以与果果嬉戏的日子啊，一天天地被我虚度了，一去不复返！

时绯饶有兴趣地盯着我，眼里的悲切却藏不住，开口道："时洛。你想知道为什么我和你那么熟悉吗？为何你我素不相识却有关联？"她看着我缓缓抬头，眼里流露出迷茫与懊悔，笑了，"因为我就是你呀。准确地说，是四年前的你。"

"嗡。"我的大脑震了一下，就这么怔怔地看着她，"我就是你。"这四个字在脑海中挥之不去。

"这就是为什么我们有联系，时洛啊时洛，你明白了吗？极境之地本不该存在，但正是因为像你这样虚度时光的人出现，才慢慢衍生扩大。我这样的引渡者，本不该存在，时间它赋予我重生，也是让我将你唤醒罢了。"

我的心里升起不祥的预感，"你……"

"没错。唤醒，以生命为代价，引渡者将永久消失，不复存在。"她顿了顿，淡淡地说，"这是命运，是时间的法则。"

"亲爱的时洛，希望你从此刻开始，明白一切。若重新扬帆起航，便愿你平平安安，心想事成。好了，该说再见了。"她缓缓闭上了眼，感受着这缓慢却又极快消逝的时光。

空间开始变得模糊。我没说话，只是看着她，看着她的身体从脚开始消失，最后化作白光逝去。

一切都静了。

我站住不动，凝望着远处朦胧的深渊，感受到另一颗心正跨越时空。眼角悄无声息地滑下几滴浑浊的泪。

似乎望见岁月之羽，掠过时间的河，抚过一片浩瀚星海。四年，仿佛弹指间，村落成了国，符号成了诗，呼唤成了歌。

所幸啊，极目虽不见故土，抬头却是同一片星空。

时轴球不见了，极境之地也随之消失。我重新踏上旅程，不再漫无目的。

我笑了，这次，我是真的明白了。

从今往后，我，时洛，再也不是旅人。

指导教师：何　琛

被

◎徐祎澜

墙 的 自 传

喧嚣之中，我驻足，我静默，我无言，我渴求。

每当我站在人潮汹涌之中，觉得自己像是一只待宰的羔羊，人们来往间不经意的恶意眼光都可能成为我毙命的最后一击，我备受煎熬，汹涌浪涛中没有一丝真诚能被探寻。谈笑风生之时，我是酒桌上觥筹交错间的刹那猜忌，我是商业竞争间不择手段的片刻迟疑，我是刽子手执刑前的些许心软。我本来是无形的灵魂，游荡于世间，但前方却有千万阻险。我奋不顾身地向前冲，想冲破卡夫卡的墙，可是，我却顿时身负万斤，我有了形体，我肮脏不堪，我像是一面本该纯洁无瑕的平镜，刹那间容纳了我所不该承受的全部。

当重大案件公布，人们议论着凶手的禽兽不如，人们为了受害者而鼻头一酸，人们寒暄着受害者家属。但不要被这片刻的善意所麻痹，不要为了这一丝的怜悯而望文生义，它们将在顷刻间崩塌，幻化成无数碎片涌向海洋。是啊，对于善于伪装的慈善家，那是多么好的展现人性光辉的机会；对于新闻社，这是一个多么吸睛的标题与素材。

当人们内心充满表里不一的邪恶，巴别塔顷刻间毁于一旦。人们为了掩饰内心渐生的麻木，麻痹那内心渐生的邪恶，于是开始为每一件事找意义，为每一个人生订规划。可当我们落笔于计划表单上的那一刻，自由不羁便早已成为旧谈。每一个物的存在都是没有意义的，唯一有意义的就是追寻看清那没有意义的事物的本质。薛西弗斯从未想过自己会被传颂得如此高尚伟大，或许于他自己而言，他只是渴望认真成就当下的不羁。

卢梭曾言："大自然塑造了我，然后把模子打碎了。"我本来没有形态，是游吟诗人的辞章，是清风拂过的荡漾。人们唾弃八股限制了人们的思想与文采，却在不知不觉中将自己的思想复古。无数人，因为表象，被人谩骂，无数的恶意使我喘不过气，内心满怀无辜，最终无辜化为了质疑，我质疑自己，质疑世界。终于眼泪的闸门与悲伤的闸门顷刻间被恶意的洪流漫没，许多人从天真烂漫的微笑化为了警笛声与一摊血水。我也曾是其中的一滴眼泪，我被周围的人指指点点："你看，就是她。"会被误解："你看，都是 她的错。"他们或许从没想过，一句话可以成为杀人利器，一点点蚕食了一颗至纯至善的心灵。有时，我会将自己比作渡渡鸟，我的净土一点点被恶意笼罩，我的快乐灭绝，我不再享有遗世独立的孤傲，被迫将思想灵魂的圣洁拉入世俗的污水沟深渊。我知道他们的恶意如果得不到我的软弱便不会满足，于是每当我再次接受这样的恶意，我便以笑示之，以极端的讽刺为我的脆弱筑起了高墙，会有心虚，但慢慢我可以自如地不在意了。世界向我残忍地砸着恶意，我将刀尖对向自己鲜活的脉搏，但我知道，我拔出刀鞘，握住刀柄的那一刻，已经向恐惧下跪了。于是我挺过了那段充满恶意将要窒息的时刻，我将谩骂化为了前行的动力，也将这些谩骂化为了宝贵的经历——我可以更早地看到这个社会的黑暗，我可以更早地对一个善意的人产生防备——但等等，这是什么？卡夫卡的墙！

人们的恶意促成了隔阂，隔阂不断粉刷，不断将这面墙加固，直到厚得彻底，厚得连两个房间里一只蚂蚁都容纳不了……于是我又开始被唾弃，被质疑。

好奇怪——我是人类一手酿成的无辜，却也成了所有罪恶的元凶，我被所有人指认，无言辩护——直到那一刻，刽子手放下心软，我明白，我没有错。

渡渡鸟的自传

我曾将希望寄了在你们描绘的梦境中，傻傻地以为几张看似庄重的表格文件就能让我和我的族人拥有生存的资格与卑微的希冀。

但当我以疲乏的眼眸投以岛外的世界，灰暗的烟从一个个铁制的怪物头顶钻出，我知道他们的诺言从来不是向我们许诺的，那只是得到另外钱款的筹码。

几百年前我就住在这座岛屿上了，那时遍地芳绿，果实的清香使翅膀都变得轻盈，我坚信外面的世界一样美好，以纯真的心去揣测未知的丑恶。于是，我们开始将翅膀蜕化，直到不能飞翔。我在遗世独立的伊甸园中肆意奔跑，美好洋溢直到……

那大概是1681年，一个在海面漂浮的怪物闯入了我的世界，未经许可，也从未思虑或犹豫。从那天开始，我的一切宝物被他们掠夺，曾经的芳香充斥着铜钱的恶臭，他们贪婪的欲望像是腐朽的尸体流出的尸油。他们举杯欢庆自己的伟大发现，高声宣扬着自己的光耀，宴会上，他们谈笑风生，嘴角却不经意露出了掩藏的邪。商人抚摸着金银财宝痴笑，僧侣脱下道服后进入花天酒地的风月场所，小姐一改往日伴装的贤良温婉在无人之处臭骂着仆人——这大概就是他们的意义吧，匪夷所思。

他们好像忽视了我这个原主人的想法，但那天——一个手握刀叉的"络腮胡子"向我走来，他仔细端量了我，然后突然捧腹大笑，冲着旁边的一群年轻人叫喊："喂，快看啊！这种笨鸟不会飞，汁肉想必可口，快，拿网子来，别让它们逃了！"我尽所能地颤抖双翼，向远方逃离，可是却无能为力，我的翅膀被牢牢拴住，在冰凉无暖意的铁笼里眼睁睁看着我的朋友一点点逃离然后被捆绑，看着周围的清澈海洋变成垃圾的住所，一切显得那么可笑，悬殊与无力。

于是在被发现的短短两百年间，我灭绝了。

许多年后当我的灵魂走进一家餐馆，一个"络腮胡子"嘴里吃着不知什么鸟的翅膀，手指着报纸上的标题——"渡渡鸟的灭绝"，脸上露出叹惋的神色，将善意发散到了极致，赢得了同桌人欣赏与赞叹的廉价目光后，他拿起刀叉，吃了一块肉后，赞不绝口，眼神里是银色的海洋，闪着邪与贪的光。

一位阿尔茨海默病患者的自传

我在垂直的滑梯中不断坠落，前方是深邃的无尽，铁制的滑梯冰冷地刮破我的衣服，将寒意渗透入我的血液。

（一）

我起床后拿起冰箱上的一个便条，写下一天的规划。吃罢饭，我坐在樱花园的亭子里，看着前方来来往往的人潮——急着上班的白领、手拿书本跑步前行的学生……我的面前仿佛是一个虹吸的洞口，人们不断去，在另一个地方又开始忙碌起来。我起身，靠近那入口，又是被排斥的结果——从那张病历砸向我的那天开始，我就被拒之门外了。或许我是湍急河水中不小心搁浅的鱼吧。算了，我坐回去，手伸出，摸着铁架子上用链条拴住的那个婴儿车——没错，那是我昨天才用过的——但——怎么有灰尘了？！

我走向楼梯，斑驳的墙，白色的窗棂上爬满了昆虫。啊，到了，我从口袋里掏出钥匙，使劲转动，可是就是拧不动。眼泪开始不自禁地流，我抹掉眼泪，脑子一阵眩晕，眼前突然闪出了几张人脸和另一个房间。我无助地扣着手，盯着钥匙、门、锁孔。

一个抱着孩子的妇女路过，她用一种诧异的眼光看着我，我也不解，用目光凝视着直到她消失在楼梯口。

终于,我忍不住了——怎么可能开不开?——愤怒之下我拿头狠狠撞向门,一阵热潮涌入眼前,或许是泪,或许是血。

(二)

下午,我如常来接孙女放学,我走到小学门口,看到了熟悉的身影,我跟在她的后面,她把书包给了我。她走得很快,我很快便气喘吁吁,她的身影渐渐淡出我的视线。

我找地方歇息了一会儿,当我起身,突然周围充斥着嘈杂的鸣笛声——我站在十字路口的正中央——"喂老头,看着点儿路。"一个项戴金链的司机将手伸出车外抖了抖烟灰。我愕住了,看着周围的一切,熟悉而陌生,我两手空空,孙女的书包不知所终。一时间,所有的车灯射向我,所有的鸣笛将要把我的脑袋轰炸开,所有的车都在尖叫,司机的面孔变得扭曲。灯红酒绿的世界好像把我遗忘了,我紧紧想要跟上脚步,努力记住一切,但,记忆像我的孙女一样,先走了,溜走了,一点儿不剩,我是一个用手指抓海水的傻瓜了。

我被人戏谑,被人看不起,被特殊对待,但我知道,我没有什么不同,我只是——只是被遗弃,被遗弃在灯红酒绿的某一处,被遗弃在时间的开端,遗忘在时间的尽头。

一只手突然拉住了我——"爷爷,你怎么又跑这来了,很危险,我们找了你很久了!"孙女的身后站着气呼呼的一家人,或许是关心,又或许是我不中用了吧。

"宝宝,我来接你放学。"

"爷爷,我已经上初中了啊!"

"你不是才过了八岁生日吗？"

我的脑子一阵疼痛，心脏开始被无形地挤压，眼前一阵黑后我睁开了眼——我在病房里，病房的灯光很刺眼，但又好像很昏暗。身旁空无一人，只有仪器哀嚎的声音。

我望向窗外，是黄昏了，如果还有机会，我想紧紧抱住他们，但是，来不及了，窗外的树木开始狰狞，山谷开始尖叫欲裂。时间把我遗弃在这艘旧船停滞不前，而他们乘着快艇已经消失在眼睛中了。

滑梯再一次出现在眼前，我开始眩晕，下坠速度加快，这里没有钩心斗角的城市纷扰，但是有无穷极的黑，静得可怕，安静得好残忍……

我被围于那五个字的背叛，被遗弃，遗弃于瞬间。

卡西尼的自传

黑暗，孤寂，死亡。

赤诚——是我这具破铜烂铁拼凑的冰冷躯壳唯一的温存。

我被发射入浩瀚星宇，孤寂包围着我，一点点侵蚀着我的信念。我渐渐适应了暗淡的环境，渐渐融入了黑暗，时光流逝，在这无声之境更加漫长与勉强——每一秒都可以称之为片刻，也可以被定义为永恒。

我曾经想过逃避，但我知道，被寄予众望，被视为孤身奋战的战士，我是荣耀。我的使命不会因为逃避而减轻，它的到来与终结都是无法阻拦的，如一股汹涌海水流淌过的暗礁，未知，重要。它是灾难降临，但亦可以是不可或缺与无以名状。

在这十几年间，我与那抹棕与白凝视着彼此，我在孤寂时与之相伴，在欢喜光明时与之同舞，遗世独立的孤岛好像也是一种同庆的欢愉，在黑暗中我与无数思绪中的自己对话，在黯淡的缝隙中寻找着意义。

于是当那天到来之际，我不再沉重。我像是挂满勋章的战士光荣就义，我的遨游旅途走到了终点，油量再也无法支撑我孤独的呼吸与脆弱的盘旋，纵使悲哀覆盖了整个地球，我知道，这是生命的终点，却是意义的起点。人们的忧伤渐渐化为了敬仰，一切孤独都在顷刻崩塌融化。

"5——4——3——2——1！" "砰！" 我撞入了土星大气层，我的宇宙开始膨胀，无力地看着蒙蒙的灰尘如何将自己笼罩。那一刻，我终于得以窥见使命的定义与光耀，在低迷中，我无畏地追求那难以企及的渴求，反复推动着命运的巨石，不畏赏罚，只为当下。

坠，坠，坠——然后落在了那个棕色的温床上，生根了我的付出，绽放了我的孤独。

指导教师：谭　悦

穿井得亿人

◎黄韵蓁

宋之丁氏，家无井而出溉汲，常一人居外。及其家穿井，告人曰："吾家穿井得一人。"

——《吕氏春秋》

自丁家"穿井得一人"，邻里心中便有些不平了。当此事越传越远，连国都中的人都整日讨论此事后，众邻更屡屡泛起妒意。

紧邻的朱家人，最聪明。朱二爷二话不说，率先带人挖井。那可叫个热闹！挖土的，挑石料的，凿井的……甚至朱家长公子也亲自背筐运土石方。这般热热闹闹，闹闹腾腾几日，终于凿好井。"这井可比丁家的井大！"朱二爷骄傲地说，下人们马上附和。现在朱家人可以炫耀了，可以到处说："吾家穿井得二人！"

这事自然也轰动一时。

与朱家素来不和的牛家不高兴了，你家有钱就能挖井？哼，我家也能挖，挖得更好！牛家人都这样想。于是，他们也挖。井挖好后，他们也大肆宣传："吾家穿井得三人！"

效果显著，牛家一战成名。

众邻大惊，这三家挖井，家家成名，我们为何不试试？

这风也吹遍宋国。众人以比井为荣。

最终宋国国君知晓了此事。他对百姓擅自"穿井得人"的现象有点儿愤怒，经过深思熟虑，决定举全国之力弄个大工程。他招来无数能工巧匠，用国库里的所有金银打造了一口大井，一口美其名曰"穿井得亿人"的大井。这井实在美丽，宋国国君甚至舍不得用来打水。

但相邻的晋国获知此事，决定与宋国打一仗以得到那口井。

可怜的宋国君臣与百姓们，平日里都修井去了，哪有时间练兵？土地更因为疯狂凿井而千疮百孔，有何处可挖战壕？于是，晋国军队不费吹灰之力便入了国都。

听此消息，宋国国君急得抓耳挠腮，如坐针毡。幸好一位大臣献上妙计——带百姓下井。宋国国君释然大喜，与百姓一起下入井中。

宋国国都中没有一个人，晋国人觉得很奇怪。不过不久，他们就发现了一口大井，金碧辉煌，宛若地宫，里面挤着成千上万的人。

晋军得胜欢呼："穿井得亿人也！"

晋国上下欢腾："吾国穿井得亿人！"

指导教师：鞠红艳

昆虫记(校园篇)
2022 年 夏

◎曹锦雯

跳　　蛛

或许很多人一见到蜘蛛就会发疯似的尖叫。蜘蛛的模样着实有些吓人,但它们却是益虫,是捕食害虫的英雄。

初夏,温暖的光滋养着万物。某天中午,我正在收拾书桌,眼瞅着一个小黑点在课桌上飞快地移动着,冷不丁地跳出原来行走的路线。它行动敏捷又捉摸不透,行云流水般的样子酷似漫威英雄闪电侠开启了瞬移功能。我定睛一看,才发现它是一只小跳蛛。

这位"闪电侠"披着黑战衣,有数对幽灵般的单眼,还有四对布满了刚毛的步足,对称分布在头胸部的两侧。跳蛛的

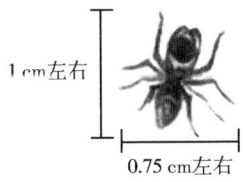

刚毛除了保护步足外，还用于感觉声音、空气震动或是判断气味。它的头胸部和尾部分别顶着一根白杠，在尾部的最末端和步足还有几星白斑。在头部最前方，有一对触肢，用来抓紧猎物，方便取食。虽然它的个头只有铅笔头那样大小，但它头胸部顶端藏着具有毒牙的上颚，又短又弯，一动一动的，加上下颚等器官，这便是它的口器了。它的腹部末端，就是吐丝的器官——丝疣。

跳蛛是左右步足交替行走的节肢动物，当然有不少哺乳动物也这样。也就是说，当它的左边第一步足往前行走时，第三步足也会往前行走。而右边呢，则是第二步足和第四步足同时向前行走。这听起来也许很复杂，没错，就连我自己像他们一样爬着走都很困难，更别说它有八条步足了。然而这些行为则是刻在它们的基因（DNA）里的，即使它们刚出生都可以做到。这就像我们的眨眼反射一样，属于非条件性反射，而这些与生俱来的本领就是为了确保它们能够在危机四伏的大自然中捕食，当遇到危险后，还能迅速逃跑，最终得以繁衍生息。不得不说，大自然可真不是一个"神奇"就能概括的。

白　蚁

空荡的走廊上零星的几盏台灯时不时地闪烁着，台灯边萦绕着一圈又一圈的灰色光环，黑压压的一片。空中还散落着几颗陨落的"小星球"。待我驻足仔细观看才发现，这不就是重庆地区俗称的"涨水蛾"吗？

"涨水蛾"，学名白蚁，一种趋光性的昆虫，经济害虫，会危害建筑、作物和森林。它们喜爱干燥闷热，体长1.5厘米到5厘米，身子呈深棕偏橙色。一对翅膀上有两对副翼，半透明偏橙色，约长1厘米，在晚自习时经常会有它们的身影出没，自然也就少不了同学们一声接一声地拍巴掌送它们"归了西"。但是它们的数量实在太多，同学们打不过来，于是，现如今已经习以为常了，任凭它们在空中恣意飘荡、逐光飞舞，然而当它们落地没过多久就会自然地褪去翅膀，在四处摸索攀爬。

那为什么会有这样一场"生物大入侵"呢？早在远古时期，一些昆虫的祖先，就找到了一种规律，只要和月亮保持一定的角度飞行就可以达到直线飞行的目的，白蚁便是具有此等习性的昆虫之一。然而在人类掌握火之后，随处可见的火光相比月亮距离昆虫更近，光也更强，可是火光是向四面八方放射的，所以昆虫像原来一样与月光保持同样的角度飞行就会飞出一条目的地为火光中心的螺旋曲线，最后前赴后继地一头栽入火中形成飞蛾扑火。啥？你说要让飞蛾自行分辨火光和月光？唉，它们可是昆虫呀，飞蛾扑火，基因使然，可别对它们自救抱有太多希望。

蚱　　蜢

从体育大课间回来之后，教室中回荡着一股独特的汗味儿。爱嬉笑玩闹的男生不再吵闹，只顾一个劲儿地喘着粗气。难得清静的教室里，只有风扇和空调在小声地哼唱。当然——总会有什么新鲜事来打破这片刻的宁静，一小团绿色夹杂着红色的身影，拖着一对大长腿，扇动翅膀，飞速地掠过空中，引得一群同学喝彩。它就是"奥虫匹克"体育运动大会的跳远冠军——蚱蜢。

当你仔细观察它时，不得不承认法布尔的比喻十分形象。它的确是一个优雅的绅士：身着一件尾翼比身子还长一倍的青绿色燕尾服，封口处还有一条赤色的色条，内搭是浅绿色的，只不过在"燕尾"盖住的部分是一大片赤色的点，密密麻麻地铺满了整个燕尾，细长的四肢上也有一些细小的红点，但在最末端有一个"T"形的小倒钩，倒钩连接肢体的部位又有一个小吸盘。可别小瞧了这六个吸盘，有了它们，蚱蜢便可以随意行走了。即使只有一个吸盘吸稳了，蚱蜢也不会掉下来。我莫名想起了叶圣陶先生所写的爬山虎，如果强行把它扯掉的话，它会直接断掉。

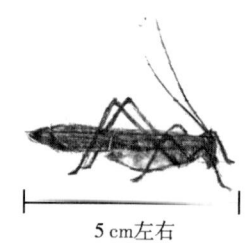

5 cm左右

还有一点，我觉得很有意思。蚱蜢会用灵活的前脚把头上的触须捋到嘴边，然后用嘴一点儿一点儿地把触须送出来，在结尾处漂亮、潇洒地一弹，头冠就清理干净了。

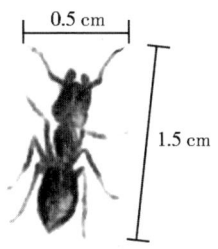

蚂蚁（上）

我承认，这是我第一次见到这么大的蚂蚁（它还是活的）。如果不是我在恰当的时间去到了校园图书馆，我印象中的蚂蚁，或许至今还是一个笔尖大小的小黑点。

它和普通的蚂蚁也没什么两样，只不过是体形大了"亿"点点，身体被分为了头部、胸部和腹部共三个部分。它有三对步足，令我吃惊的是他们的每条步足上居然也有倒刺，虽然细小但数量繁多。头部插着两根"天线"——触角，实时感知周围陌生的环境。如果抛开两根触角，它的头像极了螃蟹的大钳子。

蚂蚁（下）

如同法布尔说的，蚂蚁是二维空间生物。然而我们人类生活于三维空间，三维空间有三个坐标。正因为我们的感知维度多于蚂蚁，所以它们感觉不到人类的存在。比如我站在一只蚂蚁身旁，即便是太阳把我的影子投影到它的身上，它或许也只会以为是天黑了。当然它们可能会疑惑，为什么一天过得这么快？

在物理学中宇宙的最高限度空间为十一维，但是大部分人类生存在四维空间当中（即加上时间轴），还有整整七维空间是我们感受不到的，那么多维度的空间发生的事情，我们自然不知道。人类的认知只是这个世界的冰山一角。

第五章 蚕蛾（上）

最近，我弟弟班上流行起了养蚕。这个小鬼头倒是挺聪明，打着科学课作业的幌子，成功地让妈妈下单买了150只蚕宝宝，但最后光荣牺牲了143只蚕，只有7只存活。

破茧后的蚕蛾全身紧绷着一件肉色紧身衣，本就十分发福的身材看起来就更发福了。虽然这是夏天，但蚕蛾先生仍然固执地给自己胸前种上一团绒毛，从一团绒毛上露一个小小的头。它的大眼睛就占了头的二分之一，头上的一对触角就像两根羽毛一样，不停地摇摆。最后就是它粗壮的尾巴了，像一个短小的象鼻子，与它的气质格格不入。

蚕蛾（下）

蚕宝宝一般从生下来吃上一个半月的桑叶就可以长成一条又大又肥的胖虫。当它们身体长得透亮的时候就会停止进食，它们往往会找到一个属于自己的大小合适的小角落，排空体内粪便准备吐丝作茧。首先他们会用自己的嘴巴在空中来回划动，如果你仔细观察一会儿，便会发现空中有几根细丝泛着银光。只需一个晚上，它们就已经把自己将要睡上一周的小床的支架搭好了。接着它们开始用一根线一边绕线一边收缩自己的身体。刚开始作茧时，透过还不厚的蚕茧依稀可见它肉嘟嘟的身体，后来就彻底看不见了。当它们化蛹时，会一点儿一点儿咬破蚕茧。最后钻出来的这个过程十分艰辛，历经了七天的磨难，它成功完成了蜕变。等到七天以后破茧而出，它便会变为一只美丽的蚕蛾（或许不是特别美丽），寻找属于它的幸福，但同时这点儿幸福便也是黑暗前的黎明罢了。

指导教师：何雅男

饿　极

◎肖景添

　　"嚯嚯哒哒哒！黑暗与混沌之间隙，少数人清醒；混浊与腐朽之弹丸，少数人唏嘘！你苟活，你独清，作何意义？"一个黑白灰相间的卷蓬头，瞪着鼓眼睛的疯矮子正骂骂咧咧地唱着不知所云的念词。

　　疯矮子用力地揩擦他的酒糟鼻，然后从包里掏出一瓶褐色浊酒，咕咕灌尽。"谁看你自命不凡，孤芳赏自影？不如观我听花酿酒，春水煎茶自得意！"看着他藏不住补丁的破革衣，笑着摇头嘀咕乱语，我更加确信这是个取宠的弄臣，或者是个打诳语的诗人。不过就在早几个时辰前，昏黑吞噬了整个世界，我还武断着他是个发狂的侏儒，正准备与他大打出手。

　　且说良久，这个世界还没有人。

　　仿若假寐，鲍鱼之肆周匝萦绕，一股腐朽而黏糊的无力感近乎把我吞噬；仿若生死，仿若沉睡。可一瞬。清光乍破，刹那生灭！我窒息般大口喘着粗气，弹指间张开了黏合的眼睛！

　　我初生的眼睛红肿而大得可怕，瞳孔在惊惶下被脚架似的撑大，东看西盯。我颤巍巍地用我初生的眼睛窥探这世界，只是远处的再远处，从上到下，从无极到终极！一切的一切皆是太阳也照不亮的黑暗，充斥着鲍鱼之肆，妄想之息。天地高低，左右物形，以及我，以及生命，都和无边无际的混沌缠绕在一起。

俄顷，一阵翻江倒海的干呕感突然重重捶打着我的胃，它拼死缩紧，拧得似半个核桃。我恐惧地抽回我初生的眼睛打量自己，倒吸了口凉气。你料怎的？我正盘坐在地上机械地仰着头，把嘴撕裂般撑大，嘴角咧到耳根，口涎唾沫尽往下滴。我痴呆呆地握着一艘遮天大的巨轮，正往嗓子眼儿直直捅去。

哕！我吓得连滚带爬地将生锈的钛皮从口腔深渊拔出来，重重砸在地上，统统吐尽。"咕噜，咕噜。"黑漆漆的浓稠汽油从巨轮的嘴角滴下，它正病态扭曲地躺在地上，奄奄一息。同时，伴随着一阵干渴难耐、无穷无尽的饥饿感，我才猛然意识到——我在吞噬，我已饿极。

随后我便爬行在这个缥缈之虚的世界里，如临深渊，如履薄冰。黑暗混沌，渺沧海之一粟，连我也不知道自己在寻找什么，只是睁着空洞的眼睛茫然地走。时间忘了从沙漏里坠落，不知过了多久，直到从远方飘来哭笑难辨的声音唱着打油诗，"嚯嚯哒哒哒！山崩海沸九万里，天撼地裂鬼神泣！该庆，该庆！这世上又多了双眼睛！"我才意识到，是打诳语的诗人来了……

怪哉！仿若是气贯长虹，摧枯拉朽！寂静藏在喧嚣中，喧嚣没入寂静里。整个世界都颠倒般亮了起来，在打诳语的诗人背后白花花得晃眼。

"欢迎来到归墟,我的孩子。"那诗人點笑,"准确说你一直都在这里,生于斯长于斯亡于斯,只是今夕方醒来耳——嚯嚯哒哒哒!如同诗人老去莺莺在,何夕朱颜改呀!"

三分惊惧,七分好奇。我虚着眼睛窥探,并不理睬他。但见世界上的人多了起来,诗人背后的远处零星散落着一个又一个蹲在地上的人,他们像一粒粒沙子,蜷首曲腰,把头夹在腿间,近乎要被明晃晃的乳白色给吞没了。

"来吧来吧,走近看。他们可不可怕!"打诳语的诗人突然怩怩地拉着我就往前跑,几乎生拉硬拽,"瞧你的眼睛可真好看,真如蓝宝石蘸水,琉璃花抚月。这世界上的人可没有眼睛,你要好好珍惜哟。"他凑近耳语,"不信?你且看!"

我倒吸了口凉气。但见一个庞大得可怕的沉默物体,一个遮天般的阴影,一个由无底洞取缔双目的巨人正悄无声息地在天地间行走!只是巨人丑陋的头却小似它脚上的指甲盖,粗糙生皱纹,若泥铸嘴鼻。它好像万分饥饿,一只大手塞进嘴里撑开口腔,一手不断抓起地上凹凸的岩石,摩天的大厦尽往嘴里塞!显然巨人已经饿极。钢筋几乎将他的口腔撑破,酸臭的口涎浓稠地滴落,他吃得如痴如醉,醉生忘死,津津有味。

"这就是行动的巨人。"正当我不知所措间,打诳语的诗人得意地欣赏道,"它们在天地间迷失自我,始终低着头,彷徨而行。嚯嚯哒哒哒!"

"整个世界对于它们来说就像汪洋归墟,它们在巨浪里随波逐流,随世沉浮。因为它们永远都循规蹈矩,连自己也不知道要去哪里!"诗人张牙舞爪地描述,天花乱坠,"它们总是饥饿得可怕，它们吞噬城市、村落，吞噬车房、家庭、婚姻！"诗人突然又疯疯癫癫地东看西盯，然后悄声说，"因为世界上大多数人都这样！没人能吃饱，人们总是饿极！嚯嚯哒哒哒！"

"巨人从来不会思考，它们的头小若子丁，若鼠尾蛆。它们是行动的巨人，是思想的矮子！"

好一个世界！痴人说梦，天马行空。恍然间，我看得有些害怕，于是问道："世界上的人都这样饿极吗？"

"嚯嚯哒哒哒！休慌张。你有一双眼睛，你要先学会观察，走走停停，且听风吟。哟！莫像有的人，自以为足，逑福兮祸兮都看不清。四目紧闭，休看世情，妄想听神语！"打诳语的诗人突然怪诞地跳起来，"你且又看！"

惊兮！顺着他的目光望去，一个头大若天花，身子却仅有毫厘的怪相正朝我们滚过来。那巨大的头上像雏菊般开满了皱纹，惨白脸嘀咕怪语。怪相边滚边拖着唾沫，小得荒唐的身体握着一本落满尘灰的书向嘴里塞，它用丑陋的门牙咀嚼着一个又一个方体的汉字，大牙啃咬着书上的标点符号，横竖撇捺，然后用舌头把白纸黑字尽胡乱卷进口腔深渊。

"喏喏喏，这就是行动的矮子，思想的巨人！"打诳语的诗人笑着说，"你看，它们的脑子里装了太多太多的东西，把整个世界都想得天花乱坠，猜忌自己是伊甸园之东的主宰，钻破头皮也想去到极乐净土，婆娑树下。却忘了自己不过蝼蚁之躯，始终饿极！你说讽刺不讽刺！"

"可，为什么我觉得它不是没有眼睛，只是被合上了？"

我狐疑地问。看着怪相死锁眉头，双目紧闭，比被用力拧了一把还难看。

"嚯嚯哒哒哒！不错，但你只对了一半。不是它们的眼睛被合上了，而是那思想的巨人自己不愿意睁开呀！"诗人纠正道，"它们活在自己的臆想里，做着飞蛾扑火，大无畏夸父追太阳的幻想。它们吞噬文字、书籍和梦想。"

我看着瘆人，想快一点儿离开。可这白茫茫明晃晃的世界似乎无穷无尽，百川东流去，万海终归墟……

"你休逃！"诗人突然拽住我的手，"这世界上没人能逃得掉！死者也会被囚禁，到他应去的地方背负罪名。嫦娥兮深锁广寒宫，行者兮奈何五行山！"诗人又掏出浊酒咕咕灌尽，猛地揩擦嘴唇和胡须，"既来之，则安之。人们不如先用眼睛成为观者，觉者，做生命的旅人，或许世界会给予你答案！"

突然，在完全理解诗人之话前，一个冰冷而枯朽的声音响起，"何我也？我从何而来也？！又从何而去焉？！"

我忍不住打了个寒战，因为这是自此，我听到的唯一第三者的声音。

"少年也，你认得我吗？"循着那声音，我发现身后不知何时跪着一个衣衫褴褛、看不出年纪的男人。他的头发花白而乱糟糟，只是可怜的眼睛是两个骇然大洞！

"嚯嚯哒哒哒！奥古斯丁你来啦。"打诳语的诗人微屈腰，唱了个大喏，然后对着我悄悄道，"这不过是个自诩哲学家的老疯子，歇斯底里地问天求索。奇怪的是他似乎并不怎么饿，没人知道他存在了多久，或许他只是这个世界无聊的衍生品

· 256 ·

罢了。"

"噢！提坦神普罗米修斯哪，你为何要创造这个奇怪的世界哩？"奥古斯丁黑灯瞎火地轻吻我的脚，疯疯癫癫地张开双手合十。

"罢了，其实我也相信是基督再临的。"诗人黠笑。

荒唐！诗人相信上帝，我开始怀疑理性，"那你为什么不去死呢？一了百了，去你的天堂责问上帝！"我问奥古斯丁。

哲学家沉思，然后问我："谁会一出生就想着死？少年，是你吗？"

"我一直思考着旭日东升的道理，你说是谁制定了万物的法则迫使我盲目地遵守呢？是谁迫使花开花落，归去来兮？是谁拨动时间的齿轮，在我脸上刻下生老病死的痕迹？"哲学家孑孓般在我们面前踱步，他似乎扮演着世界上的荒唐，总出现在生活中摸不着头脑的地方，惹人气恼。

"噫嘘嚱！万物一旦达到了某种不损不盈、不增不减的平衡，即该无对无错，无是无非啊！这是万万古仙人道士所求的究极。可时间啊！正是因为有了时间！能量每时每刻都在散失，万物的平衡亘古都被打破，日不落成为余韵，连永恒之月也将在万万年后瓦解！所以面对死亡，没有从容入世，没有清淡出尘，人们总是饿极！吾辈好丑不一，良莠不齐。那出生，盛旺，枯朽，又作何意义？"

"问天，问地，去你的地府叩问阎王吧！没人会给你答案！"我听得一头雾水，生气地想把他赶走。

"哦！木讷！哦！不恭！你这是在亵渎上帝！他给人们恩

惠,你却指责他偏心!"奥古斯丁瞪着空空的眼睛,愤愤诘问我,然后飞也似的逃走了。

好一个怪诞的世界!在迷茫与猜忌中我似乎也迷失了方向,许许多多的人匆匆来了又去,谁也记不得彼此。笼罩在白色恐怖里,世界予我们以疑惑。

"哕——"恍然远处又传来了翻江倒海的呕吐声。打诳语的诗人赶忙拽着我走过去。

"你看,又是些活灵活现的人儿!"他说。

且见不远处一堆像猪槽似的栅栏里蹲着三两个边呕边吐的酗酒者,他们骂骂咧咧地擦着嘴,然后饥渴般把吐出的苦水又拼死喝回去。右侧蹲着一个猛食口红、脸霜和精华的女郎,她的头发都贴在嘴皮上。再左侧则是一个咀嚼着金钱的资本家,他穿着深黑色西装用大牙咬钻石,身前牵着一个又一个套着项圈、匍匐而跪的人。

"众生相,罗生门,人间百媚生。东有怪相西有鬼神!"诗人摇着头吟道。

"有了千钱想万钱;做了皇帝,又想成仙!"我近乎不假思索地脱口而出。

无声。诗人慢慢转过头,用诡谲的目光盯着我。

"清者自清。"

很快我又看见更远处一个躺在地上、鼓着肚子的胖子,他双手正握着一个巨大的根号往嘴里捅,随后又凭空变出加号、乘方试图让自己统统吞下。

"他就是自诩的数学家兼物理学家。"诗人突然又恢复正常,打趣地笑道,"他穷尽一生钻研理论,皓首穷经也要找到世上最小的物质来证明微观学说,想要发现是什么组成了自己。"

"那他最后成功了吗?"我问。

诗人轻笑,"算成功了吧。物理学家到死终于发现了最小的物质,组成万物,比一切的一切都要渺小。可讽刺的是,最后他以自己的名字为物质命上名,说到底他不过是用一生来钻研了自己的名字!"

怪哉!此刻我很想笑,想笑得天花乱坠,山崩地裂。人们总是饿极,吞噬欲望,吞噬理想,吞噬自我!这是一个饕餮的世界,一个饥饿的世界!

这瞬间,似乎白晃晃的世界狠狠震动了一下。我明白了这个道理,我的眼睛明白了这个道理!走走停停,观观看看,没人和我们一样,也没人和我们不一样!

我突然想扭头告诉诗人,人生海海,山山而川,世界尔尔不过如此。可谁知刚一转头见的不是那卷蓬头、酒糟鼻的疯诗人,而是一只伴随着嚯嚯哒哒哒般怪叫的巨手!那一手遮天,一手蔽日;一手排山倒海,大千世界;一手天网恢恢,巨细无遗!大得比巨人比苍穹还宽广,大得比宇宙比归墟还无垠!我刚想四蹄飞逃,可那无尽的巨手就死死地砸碎人间,刹那生灭!

一瞬间,崩坍止息了,混沌中高垒着巨人的头颅。我闭着眼睛寻找,却什么也看不见。万物好似又重归于黑暗与黏糊,缥缈归墟里传来诗人枯朽的声音。

"当混浊成为一种常态,清白也是一种罪过。"

好似一只无形的大手撑开我的口腔。

我在吞噬,我已饿极。

指导教师:谭　悦

黄鼠狼的反攻

——《柳林风声》续写

◎向沛延

"气死我了!这个门让你们看成什么样子了!"黄鼠狼老大生气地对自己的手下喊。"他……他们不知道是从哪儿冒出来的。"黄鼠狼颤颤巍巍地说。"我好像看见他们是从地道里钻出来的。"一个浑身是伤的黄鼠狼说,"当时我正在准备食物,他们突然从洞里钻出来,把我打了一顿。"黄鼠狼老大若有所思地喃喃着:"这么说的话,那蟾宅周围一圈一定有地下通道。所有黄鼠狼听好了!趁他们不在时,把四周全部挖一遍,直到挖出通道为止!""是!"

蟾宅里,鼹鼠、河鼠、老獾和蟾蜍正收拾着屋子。蟾蜍得意地说:"这帮黄鼠狼真是太逊了,我一个左勾拳,一个上勾拳,把他的牙都打掉了。""还有夹心糖吗?我肚子快饿扁了。"鼹鼠可怜巴巴地说。"被那群可恶的黄鼠狼吃光了。"河鼠说。蟾蜍伤心地说:"哦不!他们居然偷吃我奶奶的供品!"当蟾蜍他们在聊天时,老獾却在想:"狡猾的黄鼠狼会不会重新攻打来呢?不妙的是,有一只黄鼠狼看见我们从地道里出来,我还把他放走了!""听着各位!黄鼠狼很有可能重新反攻，我们必须摧毁地道并加强门口的防御！"老獾严肃地说，"蟾蜍，你去小镇上招兵买马。鼹鼠去摧毁地道，我和河鼠留在蟾宅。"

蟾蜍慢慢悠悠地走到小镇上，嘴里嘀咕着："到哪儿去找呢？"这时，一个老人在街边喊："你想知道什么我都能告诉你！"蟾蜍一听大喜，屁颠屁颠地跑过去，说："我想跟你聊点儿事情。"老人打量了蟾蜍一会儿，冷冷地说："走吧。"蟾蜍跟着老人经过了一个隧道，又钻入了一个小洞。"哇！"蟾蜍不自觉地叫了出来。这儿哪里是一个家，分明就是一个基地！"哇！火箭筒、内格夫……这难道是……崭新出厂的蝴蝶刀！"蟾蜍的想法似乎简单了。这个老头是小镇上令人闻风丧胆的恐怖分子，这个地方的武器堪比军事基地的武器库！"说吧，什么事？"老头问道。蟾蜍说："我们需要一支雇佣兵队伍。"老头的嘴角露出了微笑："那你可算是找对人了！"接着，老头给蟾蜍讲起了他们的故事……蟾蜍听的是大气都不敢喘，冷汗浸湿了西装。"你好好考虑一下吧！"蟾蜍二话不说，拿出了一大袋子金币，说："不，不用考虑，就决定是你们了。""请出示一下证件。"蟾蜍拿出了身份证，老头仔仔细细地对比了很久，却说："把钱拿走。喂！二愣子，还不赶紧送客！对了，把精锐部队给他！""可是……""没什么可是的！"蟾蜍就这样领着一支精锐部队走小路回到了蟾宅。二愣子回来后，问："老大，凭什么他不用收钱？""因为……"

鼹鼠站在地道里，往地上浇水，因为这样可以更好挖。他挖着挖着，突然碰到一个很硬的东西。鼹鼠拿起电钻，使劲钻下去，却依旧钻不烂。他把周围都挖开，发现这东西竟无边无尽！他请各种专家来看，却始终没人能知道这是什么。终于，一位来自大城市的科学家说："这恐怕是纳米铁做成的。"鼹鼠问："什么意思？""恐怕我也解释不清楚，总之它很坚硬。""那有没有办法摧毁它呢？"用C4应该可以。鼹鼠用C4果然炸开了，泥巴从上方塌下来，堵住了洞。

黄鼠狼也在奋力地挖着。突然，一只黄鼠狼掉进了地下。他大喊："挖出来了！挖出来了！"众多黄鼠狼纷纷跳下洞里，发现果然有一条隧道，只不过很老旧，也没灯。他们走着走着，突然有黄鼠狼大喊："啊啊啊啊啊啊！"领头的拿灯一照，发现地上有白骨！仔细一看，竟是黄鼠狼和蟾蜍的！并且越往前走越多！他们走到了尽头，发现了一道门。打开门一看，是一个指挥所。里面有很多武器和一张地图。仔细一看，画的居然是蟾宅！黄鼠狼老大顿时被冷汗打湿了全身，面部发白，嘴唇发紫，瘫坐在地上。眼里的余光发现地上有一张纸，他说："把它念给我听。"

我们将在10月10日对蟾宅发起总攻，祝我们好运！

黄鼠狼部队
1970年10月9日

原来是以前的黄鼠狼试图占领蟾宅，却被打败了。黄鼠狼老大重新振作起来，说："祖先未完成的事业，轮到我们来完成了!"

老獾正在给精锐部队讲解地形,他说道:"蟾蜍他爸告诉我一共有两条密道通往蟾宅。目前我们只发现了一条,还有一条未发现,但是黄鼠狼的祖先却知道。这个消息如果被黄鼠狼知道了,后果不堪设想!所以大家要提高警戒!"蟾蜍不以为意地说:"我们还不知道他们要不要进攻。"老獾说:"以黄鼠狼的性格来说,他们应该会进攻,况且今天是10月9日。"

10月10日零点的钟声敲响了。蟾宅一片寂静。此时,黄鼠狼部队正从指挥部往这儿赶来。

每个房间都有人,为了看得清,每个人都戴了夜视镜。他们手里拿着手枪、猎枪、步枪甚至霰弹枪。黄鼠狼们的运气很好,洞口在厕所,而这里仅有两人把守。一只黑色的黄鼠狼悄无声息地从洞里溜了出来,爬到两个人后面,把他们都干掉了。它又溜进了另一间房子。很不幸,有一个人正盯着门看,他大喊:"黄鼠狼来了!"所有人立刻站起身来,紧绷着神经,端起枪扫视着周围。而那只黑黄鼠狼早已被击毙了。听到这里,所有黄鼠狼也不躲着了,全都冲了出来。他们遇到的第一个难关便是一支仅有5人的小组。他们有夜视镜,而黄鼠狼没有。黄鼠狼半天射不中一个人。人们端起步枪,右眼紧盯瞄准镜,一打一个准。一只黄鼠狼奋不顾身,拿着手电筒冲在最前面,这才消灭了5个人。反观黄鼠狼,已经被射死了20多个了。黄鼠狼准备打游击战,他们站得十分分散,人们不好射中他们。即便如此,精锐部队经验更多,还是打得黄鼠狼哭爹喊娘。黄鼠狼老大穿梭在人群当中,惊慌失措,大汗淋漓。这时，他进了一间没有枪林弹雨的房间。他仔细观察，发现里面有一只蟾蜍。黄鼠狼喜出望外，立刻劫持了蟾蜍。

"所有人放下武器，不然这只蟾蜍就没命了!"黄鼠狼大声喊道。老獾打开了灯，映入眼帘的是一堆黄鼠狼的尸体和黄鼠狼老大。河鼠和鼹鼠不停地劝说着，可还是没有用。黄鼠狼似乎已经胜利了:"如果10秒之内没有想到我满意的办法，我就一枪崩了他!""怎么办？怎么办？"鼹鼠已经要急哭了。这时，一个身影缓缓靠近了黄鼠狼老大。"五，四，三，二，一!啊!"当倒计时数到一时，黄鼠狼倒下了。他身后站着一个人，是那个老人。老人喃喃道:"唉!静步刀人的技术又生疏了。"事后，老人解释道:"你爹让我们给你当保镖，我们只不过是在暗中观察罢了。"蟾蜍很得意:"原来我的保镖这么厉害!"

这次，又是蟾蜍获胜了。

指导教师: 李　莹

快乐水服用指南

◎ 刘思含

【批准文号】20230000

【中文名称】快乐水

【英文名称】cola

【有效期】12个月,开封后12小时内饮用最佳。

【化学成分】磷酸;碳酸水;咖啡因;焦糖;糖。

【营养成分表】

项目	每份/营养素参考值
能量	594 千焦/7%
碳水化合物	35 克/12%
钠	40 毫克/2%
蛋白质	0 克/0%
脂肪	0 克/0%

提示:本品所含营养成分较少。

【产品规格】听装 330ml;小瓶装 500ml;大瓶装 1000ml

【用法用量】由服用者心情决定,建议每日用量不超过 500ml。

【贮藏方法】密封，不然会失去灵魂。

【功效主治】

1. 清热解渴，主治气虚兼内热之渴病，症见口渴喜饮、易饥多食。

2. 兼治神思倦怠，症见易疲惫、易困倦。

3. 缓解压力，症见情绪低落、兴趣减低。

4. 提神醒脑，提高注意力，增强灵敏度，加快新陈代谢。

【其他功效】

1. 快乐水中的酸性成分可以中和铁起到清洁除垢的作用。

2. 将快乐水与番茄酱对半混合，涂抹在烤肉表面，这样烤出来的肉非常可口。

3. 在敞口的平底盘内倒入一些快乐水，将其放在花园里，它散发出的甜味会诱使一些虫类飞近它，虫类一旦落入就会粘在里面。这样可以使你的花木摆脱虫类的破坏。

4. 使用快乐水洗头可以改善发质。（此功效还在试验阶段，请慎重使用）

【药物相互作用】

1. 不能和薄荷糖一起服用。

快乐水含有的碳酸与薄荷糖中的碱性物质混合之后会产生大量的气体，如果在吃了大量薄荷糖之后再饮用快乐水，会导致胃部疼痛，严重的会造成胃部受伤；气体如果经过气管和食道喷涌而出则会对气管和食道造成严重的损伤。

2. 不能和感冒药一起服用。

快乐水中酸性物质很多，而感冒药更是成分复杂，一起食用会破坏感冒药中的有效成分，降低感冒药的药性，起不到治疗效果。

3. 不能和味精一起服用。

快乐水中含有一定量的咖啡因，咖啡因会和味精中的脯氨酸反应，产生一种神经传送物质，这种物质在人体内达到一定的数量会造成心悸、心跳加速的现象。

4. 不能和牛奶一起服用。

牛奶中含有蛋白质和钙质，而快乐水中含有大量的酸性物质，这两种食物在一起时会发生化学反应，生成难以溶解的草酸钙和蛋白质络合物，降低牛奶的营养价值，还会增加胃肠负荷，严重者甚至会出现胃石症，须经手术方可取出。

【不良反应】

1. 肥胖。

快乐水中富含糖分，过多的糖分进入身体后，会以脂肪的形式储存，容易导致肥胖。除此之外过多糖分还易引起高血糖、糖尿病等现象并危害人体健康。

2. 引起骨质疏松。

长期饮用容易导致骨质疏松症的发生，患者可能会有腰部、膝盖、腿部等处疼痛。

3. 酸蚀牙齿。

快乐水中的糖分容易导致龋齿的产生，磷元素在一定程度上会促进牙齿中钙的流失，可能引起牙齿缺损、蛀牙等情况。

【注意事项】本品饮用过多，不良反应会相应增强，建议适量服用。

指导教师：李　莹

灵 石

◎廖 恒

一

1999 年 12 月 30 日

"不就是过个年嘛,有啥好激动的。"周华边说边走出客厅。

周华悠闲地叼着烟,坐在阳台的椅子上。这是阿丘比丘附近的小村庄,他已经在这里生活三年了。

他真正爱上这里是大三暑假旅游时,他和女朋友(就是现在的妻子)来这里玩了一个星期,回去后时时想念。

"什么啊,这可是千禧年耶。你要等多少年才能又让千位增加一?"付霞一脸期待。

周华笑了一下,呡了一口刚买的皮斯科酒,又沉浸在回忆中。

是啊,从大学开始她就是这样。周华学的是人类学,兼修语言。第一次上语言课,教授作自我介绍时,就听见隔壁桌几个小女生叽叽喳喳地议论着晚上吃什么,其中之一就是付霞。

就这样，每次上课前，这几个女生不管坐在哪里，都会议论关于吃和玩的事。周华本以为她们这样毕不了业，结果大一期末综合测评付霞是第一名。这时他才听说她可是大名鼎鼎的学霸，好几篇论文在知名学术杂志上发表，教授有事都会请她帮忙。

"老周，"付霞正在做新学的"Chifa"，"听山那边的人说，他们发现了一个山洞耶，里面还有一具古老的尸体！"

"有这事儿？"周华闻声而起。

"是啊，听菜市场那个卖马铃薯的大姨说的。"

付霞说完好一会儿，没见周华回应，于是从厨房探出头来，却与周华撞了个满怀。付霞一看，周华已经把衣服穿好了，带上了必备的"百宝箱"，正准备进厨房拿点儿吃的。

"你要干吗？"

周华边说边开门："当然是去看看啊。"

二
1599 年 12 月 25 日

"詹姆斯，你给我快点儿！"利斯特吼着，"要是找不到印加的宝藏，就别想回城里过年！"

"老爷，我们在这深山老林里找了这么久，也没见什么宝藏啊？"

"别乱说，这可是祖上留给我们的地图，怎么会有错？"

利斯特的祖父随远征队来到印加，也正是他在上级的指令下亲手杀死了印加王阿塔瓦尔帕。后来，他找到了印加古老的秘密，结果留下一幅地图就撒手人寰。

讲着讲着，他们来到了地图上所标注的印加祭坛的位置。这里位于森林的最深处，周围是高大的棕榈树。他们站在一座山峰的底下，顺着岩脊往上，是蜿蜒交错的藤蔓。

"你给我找一下，有没有路，我们两个人不可能爬上去。"利斯特命令道。

大约半个小时以后，詹姆斯在一片乱石岗中间大喊："老爷，这里有情况！"

利斯特快速跑过去，只见乱石岗中有一块被磨得很圆的石盘，上面雕刻着谁也不认识的古老印加文字。

"啊哈，就是这里了！"利斯特十分欣喜，"走，顺着这些石头上去。"

"老爷，你听说了吗，印加古老城市中有诅咒的，我们就这样贸然前去，会不会……"

"别废话，快走！"

傍晚，利斯特正在生火做饭，詹姆斯突然跑过来："老爷，我去打水时发现河对岸有一个山洞，里面好像有些建筑！"

"不就是个山洞嘛，我们这一路上见得还不多吗？尽是些残垣断壁，连点儿金子都没有。"利斯特没好气地说。

"可是，这次不一样，"詹姆斯信誓旦旦，"那里面肯定是一个庙宇，我都看见祭坛了！"

"好吧，我们去看看。"

去了利斯特才知道，这里真的不一般，就规模来说，是之前遇到的神庙所无法企及的。大厅中间的祭坛虽然已经荒废，但仍然有棱有角，巍然屹立。

"看，那是什么？"詹姆斯指向洞穴另一边。

利斯特顺着他的手指望过去，只见有一扇门嵌在墙壁里，周围还镶了一层银边。"那，不会是墓穴吧。"利斯特想。

他们两个小心翼翼地摸到墙根处，试着推了推门，没有反应。利斯特知道，如果是墓穴大门的话，不会这么轻易地推开，必定有机关。利斯特翻开古老地图，其中有一行文字是祖父用西班牙语写上去的：

神庙巍巍，太阳赐福。非利真心，求得钥匙。大殿之中，祭坛之上，祭献神明，方可进入。

此时，詹姆斯还在努力地推门。利斯特不禁回想到，从小到大詹姆斯都陪伴在自己身边，虽说是买来的印度裔用人，但也有了感情。利斯特纠结了三分钟，然后，手绕到身后拿起短刀，逼近詹姆斯。

"老爷，你找到机关了吗？我是真的推不动啊。"詹姆斯说完，却没听到回音，刚想转头，却被一个冰冷的东西抵住了喉咙。

"老爷——"

利斯特冷静地、毫不留情地往后一割。

三

1999 年 12 月 30 日

傍晚时分，周华赶到了山洞旁。周围围着一群看热闹的当地人。一些年轻志愿者正在里面清理收拾。有人看见周华，喊道："喂！那个从中国来的学者来了，要不让他看看？"

"让他进来！"里面的人喊道。

周华从警戒线下钻进去，顺着被藤蔓覆盖的石梯，向上走去。

"你们是怎么发现这里的？"周华用秘鲁语问。

"外面站着的那个老头，伊卡布，早上进山砍柴，发现这边的石头有点儿怪模怪样的，走过来把藤蔓扒开，发现一些古老壁画。再扒开一些地方，好像可以进到里面，于是下山报警。有人绑架了本城黑道大哥的儿子，警察正在为前几天的绑架案焦头烂额，没听他说完便将他轰走了。他又来找我们考古协会，于是我们来了。"一个像是领头的年轻人边说边递过来名片。

周华笑了一下，是啊，这绑架案也是震惊国人啊，警察不焦头烂额才怪呢。他随手把名片放进上衣口袋。

"周学者，你过来看吧，据我们推测。这里应该是一处室内祭坛。然而最令人震惊的是，祭坛上竟然还有一具尸体！"

周华顺着他指的方向一看，还真是。只见直径二米的祭坛上有一具白骨。这地方干燥阴凉，不潮湿，无风，这白骨留存下来也不是偶然。

周华走向那具白骨，检查了一番说："可以肯定是钝器击伤头部而亡，死亡时间估计在几个世纪以前了。"

"是的，但我们估计，这肯定不是印加人，反而很像日耳曼人，特别是西欧那一带。而且我有理由怀疑，这是西哥特人！"

"你的意思是说，"周华顺着他的思路，"这是西班牙人？"

领队点点头。

周华知道这意味着什么。西班牙人在十六世纪灭掉了印加帝国，并大肆搜刮财物，有可能这具尸体是印加人复仇所为。

"还有，你看这里，"领头人指着祭坛另一端，"这里的石墙很特殊，据我们测算，这块高3米、宽2米的石墙与周围岩壁有细小缝隙，很有可能是一扇门。"

周华瞬间想到了什么，领头人替他说了出来："这扇门后极有可能是一间存放财宝或古老文献的密室！"

四

1599 年 12 月 26 日

凌晨，詹姆斯一想到利斯特就想笑。"他那个老鬼，还想害我？幸亏我在背包里放了把锤子，趁他用刀割我喉时，使劲往后一敲……哼，他要是知道了我曾经是印度王子，不得吓一跳，哈哈哈……"

当他把尸体放在祭坛上时，大门缓缓地打开了。詹姆斯迫不及待地冲进去，却被眼前骇人的场景给吓住了：偌大的房间里从上方岩壁吊下来许多绳子，地上堆着几具尸体，有些已经成为白骨，散落着，而有些还留存着人体组织。整间房屋像是一个更大的祭坛，而在房屋中间，摆放着一个石匣子以及器皿。

詹姆斯先是被吓了好一阵，才鼓起勇气靠近中间，却被刺鼻的腐烂味熏得连连后退。最终他还是捏着鼻子缓步前进，顾不上那些石板，拿起石匣子就往外跑。跑到外面的祭坛，利斯特的尸体在那里放着。詹姆斯撬开石匣子，里面只有一块普普通通的石头，却不见其他东西。詹姆斯里外翻了十几遍，最终只找到这一个东西。他咒骂着，打算带上石头打道回府，却没看见身后密室里尸体后亮起了荧光……

中午，正在营帐里睡觉的詹姆斯被一阵音乐声吵醒，刚刚醒来他就打了一个激灵：音乐？这荒山野岭哪里来的音乐？

他抄起佩剑和火绳枪，慢慢地揭开营帐，却什么都没有发现。他绕着营帐所在的山坡转了一周，没有任何情况。而音乐还在响着，响着。

这不是一般的音乐，西方所有音乐家都没有创作过这样的曲子，从小生活在印度宫廷里的詹姆斯很清楚这一点。哎，曾经由于叛乱，他被迫装成下等人被掌权者卖往欧洲，一路上风餐露宿，受尽折磨。但他没有忘记小时候在宫廷里受过的良好教育。同时，他也对自己的剑术十分满意，要知道，当时他爸可是请了一个中国人来教他的。

詹姆斯侧耳倾听，发现这种声音是越来越大，几乎响遍整座山。半个小时后，詹姆斯弄清了它的源头：昨晚去的山洞。詹姆斯一个激灵，不会……遭遇到诅咒了吧。他听其他来南美的奴隶说过，如果对印加神灵不敬，会遭到天谴和灭门之灾。原本他并不相信这一切，觉得只是占领军散布的谣言，这样他们就可以独吞财宝。但现在看来，好像是真的！

他慢慢靠近昨天的山洞。远远望去，利斯特的尸体还在祭台上，至于后面那间密室，他可是再也不想去了。"管他呢，反正这音乐又杀不死我，回城里去吧。"詹姆斯喃喃着，转过身。突然，音乐停止了。

詹姆斯突然有了一种不祥的预感，他缓缓又转过头，发现利斯特的尸体慢慢坐了起来！不会，一定不会！他用火绳枪胡乱往里面放了一枪，揉揉眼睛，利斯特的尸体明明还在祭台上，什么也没发生。他转过头，发现利斯特的头颅正对着他，昨日被锤子敲碎的部分血液已经凝固，在阳光下反射着瘆人的光。

"啊——"

詹姆斯发了疯似的往山外面跑，边跑边往回看，利斯特的头并没有跟上来。他跑回营帐，卷起包袱就奔向来时的路。

"兴许是太紧张，出现了幻觉。"他自我安慰着。

不多时，已经来到了上来时的石梯那里。詹姆斯刚想下去，肺却剧烈地痛起来。这不是一般的痛，是一种由内到外的、撕裂似的痛，紧接着，痛感传遍全身，脾、胃和肾都猛烈摇晃起来，到最后，连心脏都骤停。在失去意识的那一刻，詹姆斯仿佛又看到了利斯特那张圆脸。他全身松弛，扑通一下倒在地上。

五

1999 年 12 月 31 日

周华连夜把妻子请来了。

考古队连夜把密室的门爆破开了，里面的景象倒也不出大家所料。地上散乱地堆积着白骨，天花板上吊着带有结的绳子，中间的圆台上放着一些祭祀用的器皿和一个石匣子。尸体被弄出去化验，石匣子被领队拿去尝试打开，周华开始着手分析那些绳结，但毫无头绪，想到妻子学的是印加语言，或许能帮上忙。

付霞明显有些不高兴，她还等着过新年呢。但一听是跟她专业相关的东西，又来劲了。

"这东西不可能破解。"付霞见到绳结第一眼就说，"它们是'奇普'，印加人的神秘文字，至今全学术界都毫无头绪。"

"怪不得，那些考古协会的人劝我早点儿放弃。"周华很是失望。

就在这时，外面一阵骚乱，周华和付霞到外面一看：领头的年轻人和一群志愿者抬着个什么东西回来了。仔细一看，又是一具尸体。

等志愿者们坐定，周华开口："这荒山野岭死人又不少，你们把这玩意儿拉过来是什么意思？"

"你听我说，"领头人猛地喝了一口水，"我们发现了这个。"

旁边的志愿者拿出一把铁锹，放在密室的祭台上。另一个志愿者拿出刚刚那个石匣子："你看，这个盒子明显在很久以前就被人撬过了，有明显的人为痕迹，而撬棍又在这具尸体旁边。所以我们有理由相信，此人就是撬盒子的那个人。但奇怪的是，这具尸体骨骼上没有任何损伤。"

领队接着说道："刚刚，我们打开了石匣子，发现了一块奇怪的石头。"说着，又有一个队员拿出一块长20厘米、宽15厘米、高5厘米的石块，放在祭台上。"你能看出有什么特别吗？"

周华望了望付霞，见付霞摇摇头，于是苦笑着说："你这是为难我呀，我又不学这个！"

"但我们学，"领队很自豪，"你取一根头发，放在这块石头下面，我先将它清洗一下。"

说罢，领队取来背包，取出海盐，拿来一个小盆，开始清洗这块"独特"的石头。周华从头皮上扯下一根头发，放在祭坛上。过了一会儿，一块粉色的石头出现在周华面前。

"这，这不会是水晶吧？"周华突然说道。

"是时候验证你的猜想了。"领队把石头放在头发上，取来探照灯一照，"看到了吧，有双影，这说明什么？双折性！"

"当然，除此之外，我们又测量了它的折射率和色散值，刚好符合！基本确定这就是水晶。"领队眼睛里流露出欣喜。

周华还是不明白他的意思："那我们发现这个有什么用呢？"

"你还不知道啊？！"领队几乎是在喊出来，"当时的印加人已经有能力把水晶进行加工，并制作成如此规整的方块，这难道不是一个重大发现吗?"

周华和付霞瞬间明白了,大家都喜不自胜,感到无比自豪和欣慰。

过了一会儿,周华突然想起来什么,问领队:"你们有没有测量这块水晶经过人工打磨时的年代?"

领队感到很奇怪,说:"像这种矿物,如果没有年代标记或铭文,一般都用同位素测定法确定年代,而现在我们又没有专门的分析仪,怎么测量啊?"

"那什么时候能出结果呢?"

"市里仅有一套测量仪,还必须得申请,等明后人吧。"领队好像要匆匆结束话题,带着石头离开,"其他人,继续搜查现场,我带着文物去市里鉴定。"

旁边的另一名志愿者感到很奇怪:"怪了,明明我们局里就有一套啊。"

六
史前外太空

"猎户座旋臂真是荒凉啊。"舰长感叹着。

舰队参议长附和着:"是啊,这地方,室女座文明联合体居然还要我们来播种。现在周边有多处开战,估计现在就是要我们找合适的文明参战。总部那群废物太娇贵,自己咋不上呢?"

"我们逛了几千光年了,连个像样的文明都没看见。"舰长怕隔墙有耳,岔开了话题。

领航员突然插话："那个，在英仙臂看到的那对棉花生命难道不像样吗？捏成什么像什么。"

他的话把全舱室的人都逗笑了。

"报告：发现一个稳定恒星系，经文明扫描发现其第三颗恒星上存在生命。"

舰长懒洋洋地说："什么等级？"

"赛克斯－B。"

全部的人都跳了起来。

舰队参议长喃喃着："天啊，宇宙文明只有五个等级，从高到低分别是：亚力克、赛克斯、起亚多维、布奇和克里斯塔诺，前面我们发现的所有文明没有高过布奇等级的。现在突然来了赛克斯，还是个B，我的天啊！"

"马上进行准确文明分析！"船长高声命令着。

过了三十个时间单位，结果出来了：

"报告，经准确文明分析，得出结果。"所有人都屏气凝神，"文明进化等级：赛克斯－B－7.2，生命环境宜居，共有五十万亿种生物，其中已有一种生物构建了文明，已经进行数据归档，命名为亚奇－西普－3，这是其四维投影……"

一种奇怪的生物体展现在大家面前。舰长看过报告后说："这种生物很特别，要知道室女座文明联合体的绝大多数成员，其意识源都充溢在身体各部分，当思考时，会充分调用每个器官，而这种生命则将意识源单独存放在其上部外组织内，用较坚硬的胶原蛋白、钙质、磷质混合物进行保护。这绝对是进化史上的一大奇观。"

"的确，这样的结构有好处也有坏处。好处是在思考时可以调用一部分身体资源，不必全部调用，也就意味着它们有足够的时间和精力去完成进化史上必不可少的劳动，这就导致其进化速度之迅猛。我查阅了日志，要知道上一次旅行者经过这一片空间时，这个星系才刚刚冷却，而现在就孕育出了生命，这绝对值得好好研究。"舰队参议长从数据库云游回来。

他接着说："而缺点也显而易见，他们的思维被完全隐藏，这是室女座文明少有的事。上一次有记录的这样的文明就是有名的哥达斯加文明，他们曾带领我们这群当时还是相当于野蛮人的室女座文明打下了众多星系，并牢牢控制领导层达三百多亿年。最后，大家都熟悉那段历史，他们——"

舰长替他说出了结果："毁于内部权力争斗导致的大规模星际战争。使整个室女座生灵涂炭，文明退步了15%。"

所有人默不作声，仿佛在回味那段尘封的历史。

最后，船长发话了："各位，摆在我们面前的有两个选择：一、毁灭这个星系，不留后患；二、进行传播教育，改变其进化历程。现在开始投票！"

几乎所有人都选择了第一项，而具有一票否决权的几位高级将领还在商议。最后，舰队参议长使用了一票否决权，他说："文明联合体和周边的战争还要进行三十万年。以这个文明的发展速度，极有可能赶上我们的科技步伐。在战场上，我们需要像他们这样的文明来帮助我们。"

三百个时间单位过去了，播种流程已经完成。先遣队归舰后，舰长看着这颗蔚蓝的行星，对舰队参议长说："几十万年后，我们会不会成为历史的罪人啊。"

与此同时，南美洲的原始部落望着远去"神"的方向，在首领的带领下，齐刷刷地跪下，高呼着："维拉科查，维拉科查！"

在他们的背后，是一块粉色的石头，在阳光下闪耀着光泽。

七
1999 年 1 月 2 日

周华还是陪着付霞过完了新年，虽然不情不愿，但还是秀了一波恩爱。但他一直等待着检测结果，但领头人的电话却一直没有打过来。直到这一天。

门铃响了。

付霞跑去开门，周华待在卧室里看报纸。她听见付霞的惊呼声，马上下床去看，结果来的却是警察。

"周华先生，华裔，人类学学者？"警察单刀直入。

"是的。不知二位有何贵干？"

"我们接到艾斯比昂先生的举报。经查证，我们认为你涉嫌故意损毁文物。请您跟我们去一趟警察局做笔录。"

艾斯比昂？周华翻了翻上衣口袋，拿出一张名片。上面写着：艾斯比昂·齐杨那多。

从警察局出来，已经是傍晚了。他没有被判刑，而是要被引渡回国，不得再在秘鲁逗留。周华随手拿起晚报，头条这样写着：

阿丘比丘男子意外发现超大水晶，交易额达 300 万美元。

一位不愿透露姓名的阿丘比丘男子日前在深山中无意间挖到了一块大水晶，经他自己打磨后，在拍卖场公开拍卖。一位美国富豪以超过 300 万美元的价格买下了这块稀世珍宝。

在接受本报记者的采访时他表示：深山老林蕴含着无数珍宝，是上天留给我们的礼物，需要大家努力去发现。

据可靠消息，该男子已动身前往美国。

后　　记

那块所谓的"水晶"，它其实就是一个能量源，被播种在南美洲，印加人以为是天神下凡留下的神物，将其世代供奉。詹姆斯就是死于能量发作时的次声波攻击。

指导教师：郝子硕

猫

◎林子桁

自古以来，谈猫者颇多，议论甚繁。

好猫者曰："裹盐迎得小狸奴，尽护山房万卷书。"爱其毛顺而貌佳，性温和而通人心。于好猫之士，此物可爱之处甚多，倾自身之温柔以引之为友。郁郁不乐之时，猫可分其忧；心中大喜之日，猫可享其乐。亦好观其嬉戏于家中，打闹于庭院。

恶猫者曰："猫儿不识主，傍家搦老鼠。"厌其形似虎，而无虎之威武；应捉鼠而纵之猖獗。虽为虎豹同族，却献媚于人。

吾好猫，甚喜之。虽家中无猫，却以喂猫为乐，遇猫则喜。尝携猫所好之食，出门觅猫，以图遇猫而散之。

夫猫者，可捕鼠以自存，亦可依人而享乐。与人相伴，共度美好之时日。吾深喜之。

指导教师：吴 浩

唐雎不辱使命

◎陈　植

时间　战国末期

人物　嬴政（以下简称嬴）　尽管还不是秦始皇，但已有后来所谓"皇帝"的风范

安陵君（以下简称安）　比起前一位来身高稍矮，衣着暗淡不少，但神情坚定、目光炯炯

唐雎（以下简称唐）　士，衣着朴素但异常整洁

第一幕

地点　安陵君殿上

（幕启，嬴政、安陵君已在台上，相对长跪于席上，中有一齐膝小桌，安陵君身后有二屏风分列两侧。两人衣着的鲜明对比让人觉得仿佛秦王才是主人）

嬴　寡人如今手中正有一地，方圆五百里，本想纳为本国国土，早闻安陵君治国有方、深得民心，却蜗居在五十里的弹丸之地中。为表寡人之敬佩，今欲以该五百里之地易安陵，安陵君意下何如？

安 （听到"易"字时手中铜爵猛地一颤）谢大王好意，只是安陵君与臣民无德无能，无福消受，故……（犹豫）恕难应允。

嬴 （急）安陵君，寡人一番好心，绝无他意，安陵君且请答应寡人吧！

安 （拱手）大王，您以大易小，此乃上好的恩惠。但先王代代传下此地，今若失去，去后怎同先王相见？安陵君愿终生守护这片土地。因此，请大王见谅——不敢易地！

嬴 （牙关咬紧，长吐一口气）安陵君——心意已决？

安 （低声但斩钉截铁）心意……早决！

嬴 （起身，拂袖，拱手）既然如此，寡人……（长吸一口气）告辞。

安 大王请。

（嬴政低头，沉重缓慢地步下台）

安 （注视着嬴政背影，暗道）秦……居心叵测！（转身，从两屏风中间做思忖状，沉重缓慢地步下台）

嬴 （台后，怒意）安陵……（咬牙切齿）命不久矣！

（幕落，嬴政话语一遍遍回声仍在回响）

第二幕

地点 秦王殿上

（幕启，华丽的屏风，小桌上有金酒樽同肴馔，嬴政跪坐桌后饮酒）

画外音 安陵使请见——

嬴　（猛抬起头，放下酒樽）宣。

（唐雎上，气宇轩昂）

唐　（向嬴政拱手，微微屈身）大王。

（嬴政点头，示意其坐）

嬴　你便是安陵国遣来的使者？

唐　正是。

嬴　寡人有事同你讲。寡人今施你国以恩惠，要以五百里之地易你五十里安陵，不承想安陵君却不肯收受，这是为何？如今韩也灭了、魏也亡了，安陵无依无靠，却能以方圆五十里的弹丸之地存活下来，这都是因为寡人敬你君有德有能，视你君为长辈啊。今寡人为表敬意，请求将安陵的领土扩大十倍，本是一片好意，却被你君一口回绝，莫不是……（稍带怒意，一字一顿）看不起寡人？

唐　（对秦王的怒意仿佛并未在意，不卑不亢地）非也非也，大王不可如此理解。我君脚下的这块土地是先王代代守护、苦心经营才得以保住的，今若易地迁国，当不知如何同先王交代。因此，即便大王以千里之地易我安陵，我君也不会收受，更何况五百里呢？

嬴　（长吐一口气，拿起酒樽，一仰头喝尽杯中酒，将酒樽重重往桌上一蹾，顺势腾地站起，厉声）你可曾听闻天子之怒？

唐　（猛抬头，无畏地凝视着秦王，语气稍重）恕臣不才，未曾。

嬴　天子一怒，便是伏尸百万、血流千里！（手一挥）

唐 （手往桌上一拍，直起身，质问）那么大王可听闻众布衣之怒？

嬴 （轻哼一声）布衣之怒？一群脱帽赤脚、叩头山响的乌合之众罢了。

唐 此乃庸夫之怒，非我众义士之怒。（义正词严）当年专诸刺僚时，彗尾扫过月亮；聂政刺韩傀时，白虹穿过太阳；要离刺庆忌时，苍鹰扑到宫殿上。此三位都是布衣义士，他们的怒火还未爆发，上天的旨意已经降下。而臣——便将成为第四位！（握住剑柄）今日臣如若发怒，那便是两具尸体、一片血泊、千万缟素！（挺剑而起）

嬴 （惊慌，后退几步，站不太稳，扶住后面的屏风）先生……（咽了下口水，深吸气，跪）快请坐下！不……不必如此！寡人如今明白了，韩也灭了，魏也亡了，贵国能以五十里之地存活下来，全是因为有先生啊。

唐 （并未坐下）大王既已明白，臣便无谓再留了，今便告辞。（拱手，转身欲走）

嬴 （向前一步，伸手欲挽留）先生且慢！寡人可否知晓先生名姓？

唐 （立住，但并未转身，抬头看着远方）复姓安陵，有生之年不事二姓！

（画面定格，灯暗，幕落）

指导教师：李英杰